Meditation für Berufstätige

Das Sofort-System

Wie du mit minimalem Zeitaufwand die Gelassenheit
und innere Stärke erlangst,
von der du immer geträumt hast

Thomas Gamsjäger

THOMAS GAMSJÄGER

MEDITATION FÜR BERUFSTÄTIGE

DAS SOFORT-SYSTEM

Inkl. gratis Videokurs

Wie du mit minimalem Zeitaufwand die Gelassenheit und innere Stärke erlangst, von der du immer geträumt hast

Deutsche Erstausgabe 2019

Covergestaltung und Satz: Wolkenart - Marie-Katharina Wölk,
www.wolkenart.com
ISBN: 978-1534783492
Printed by Amazon Distribution

INHALT

VOBEMERKUNG

Meditation hat mein Leben stark bereichert. Seitdem ich regelmäßig meditiere, fühle ich mich gelassener, habe mehr Energie und habe insgesamt eine positivere Weltsicht.

Auch in meinen Coachings sehe ich immer wieder aufs Neue wirklich verblüffende Ergebnisse. Und so sehr ich die Vorzüge der regelmäßigen Meditation im privaten Leben genieße, umso mehr beeindruckt es mich, was Meditation im Berufsleben bewirken kann.

Gelassener bei der Präsentation, Selbstbewusster im Büro oder einfach mit dem täglichen Stress besser umgehen …

… was es auch ist. Meditation kann ihnen dabei helfen. Ja, es kann sogar regelrechte Wunder bewirken.

Meditation führt uns in unser tiefstes Inneres. Ich möchte meine Leser genau dort hinführen. Und ich werde auch Erfahrungen aus meinem tiefsten Inneren preisgeben. Das ist sehr persönlich und ich möchte gleichzeitig sehr respektvoll sein. Daher habe ich mich entschieden, Sie, meine Leser, mit einem sehr respektvollen „Du“ anzusprechen, wenn Sie es erlauben.

DANKE!

Das erlaubt es mir, Dich im Verlauf unserer gemeinsamen Reise nach Innen als Begleiter und Freund anzusprechen. Ich hoffe, es ist Dir recht. Sieh es bitte als eine Entscheidung, die ich mit vollem Respekt treffe und die unser gegenseitiges Kennenlernen im Laufe Deiner Lektüre dieses Buches hier vorwegnimmt.

Ich wünsche mir, dass Dir die Meditation so viele positive Ergebnisse bringt, wie sie mir gebracht hat. Nämlich, dass Du ruhiger, gelassener sowie klarer wirst und Dich rundum besser und wohler fühlst.

Ich wünsche Dir von Herzen, dass Dir dieses Buch etwas gibt, und ich wünsche mir, dass damit Dein Leben und deine berufliche Karriere positiv beeinflusst wird.

Dein Thomas Gamsjäger

DER VIDEOKURS UND EINE KLEINE ANLEITUNG FÜR DIESES BUCH

Als zusätzlichen Bonus zu diesem Buch ist im Kaufpreis ein kompletter Videokurs enthalten. Den Link dazu findest Du am Ende des Buches. Um den Kurs zu starten, musst Du einfach nur dem Link folgen und Dich dort anmelden. Der Kurs ist mit Erwerb dieses Buches vollkommen kostenlos.

Ich habe aus ganz bestimmten Gründen darauf verzichtet, die Links zu den einzelnen Themen direkt im Kapitel einzufügen. Meiner Meinung nach würde das den Leser zu sehr aus der Konzentration reißen und daher ablenken. Da es bei Meditation aber auch um Konzentration geht, wollte ich das vermeiden.

Auch die Struktur und der Aufbau des Buches haben sich im Laufe des Schreibens stark verändert. Anfänglich wollte ich eine abgegrenzte Struktur und erst am Ende direkte Anleitungen zur Meditation geben. Ich bin zu dem Schluss gekommen, dass das den optimalen Gedankenfluss nicht unterstützt. Somit findest Du direkt nach den jeweiligen Theorieteilen gleich einen Praxisteil. Gekennzeichnet sind diese Teile mit der Überschrift *Meditationstechnik* und danach noch mit *Action Step.*

Im Teil *Meditationstechnik* beschreibe ich in aller Kürze, um welche Technik es sich handelt. Im Teil *Action Step* bekommst Du dann gleich eine Schritt-für-Schritt-Anleitung, wie Du das Gelernte in die Tat umsetzen kannst. Wichtig ist mir dabei zu erwähnen, dass Du die Übungen nicht perfekt ausführen musst. Dazu ist Meditation nicht da und es würde auch deine Ergebnisse verschlechtern, weil dadurch Druck entsteht. Mach die Übungen also ganz entspannt und beobachte einfach nur. Wenn am Anfang nicht gleich alles auf Anhieb so klappt, wie Du es Dir vorstellst, dann ist das ganz normal. Freue Dich darüber. Schließlich ist das ein Prozess und eine neue Herausforderung.

MEINE GESCHICHTE – WAS MEDITATION MIT EINEM MACHEN KANN

Als meine kleine Tochter im August 2014 am offenen Herzen operiert wurde, war das für mich der schmerzliche Höhepunkt einer Zeit, die mich so stark belastete, dass ich Angst bekam, verrückt zu werden. Ich wusste, ich musste etwas tun, um normal zu bleiben, ich konnte meine kleine Tochter jetzt nicht auf diese Weise alleine lassen.

Aber fangen wir von vorne an:

Ich bin momentan 31 und meditiere erst seit fünf Jahren wirklich regelmäßig.

Bis Mitte 2014 habe ich immer wieder damit angefangen, bin aber nie wirklich dabeigeblieben: Mal eine Woche jeden Tag, dann wieder zwei Wochen nicht. Mal zweimal die Woche, mal zwei Monate wieder nicht, und so weiter. Das war so zwischen 2012 und 2014. Meditation stand immer auf meiner gedanklichen *To-do-Liste*, aber mir hat eigentlich immer der Anstoß gefehlt, das wirklich konsequent umzusetzen.

Heute weiß ich, dass das daran lag, dass eben nicht sofort ein Ergebnis greifbar ist. **Erst nachdem ich mehr oder weniger gezwungen war, wirklich mit eiserner Disziplin jeden Tag zu meditieren, sind die wunderbaren Auswirkungen so deutlich geworden, dass sie mir richtig bewusstwurden.**

Aber zurück zur Vorgeschichte:

2014 hat sich für mich einiges verändert. Im April bin ich Vater geworden. Aber der Start meiner kleinen Tochter war nicht wirklich einfach. Von Anfang an hatte sie schlechte Blutwerte, was zu vielen Krankenhausaufenthalten führte. Die Ärzte vermuteten diverse Autoimmunerkrankungen. Mit drei Monaten wurde schließlich ein schwerer Herzfehler diagnostiziert und sie musste sehr zügig operiert werden: eine Operation am offenen Herzen, was kein leichter Eingriff war. In dieser Zeit und der Krankenhauszeit direkt nach der Operation habe ich angefangen, wieder mehr auf meine Gedanken zu achten. Ich war total aufgewühlt und mein Gehirn und meine Gedanken waren zu dieser Zeit einfach überall und völlig unkontrolliert. Ich spürte, dass meine ganze Welt durcheinandergekommen war, aber ich konnte nicht wirklich viel tun, um meiner Tochter zu helfen.

In dieser Situation lag alles, was ich tun konnte, in mir selbst. Ich wollte dieses unkontrollierte Gewoge meiner Gedanken etwas eindämmen und meinem Denken wieder eine Richtung geben und habe begonnen, wirklich regelmäßig zu meditieren.
Das hat relativ schnell auch gut funktioniert. Ich habe gemerkt, was ich unterdrückt hatte, welchen falschen Zielen ich nachgelaufen war, bin ruhiger geworden, bin glücklicher geworden, konnte mich besser konzentrieren. Ich habe einfach mein Denken besser ordnen können.

Die Zeit nach der OP war vollgepackt mit Komplikationen und es dauerte knapp ein halbes Jahr, bis der daraus resultierende Stress nachgelassen hat. Heute sehe ich diese schwere Situation als Geschenk, weil ich in dieser Zeit total viel gelernt habe und dadurch bei der Meditation geblieben bin.

Seitdem ist Meditation für mich ein wirklich wichtiges Instrument und ich möchte, dass mehr Menschen davon profitieren. Ich möchte daher an dieser Stelle einen Appell an Dich richten:

Gib Meditation eine echte Chance, dein Leben zu bereichern! Um dies zu tun, musst Du es allerdings ernst meinen und am Ball bleiben. Gib Dir an dieser Stelle also das Versprechen an Dich selbst, dass Du dieses Buch bis zum Ende liest und die vorgestellten Übungen testest. Die Ergebnisse der Meditation kommen schleichend und nicht von heute auf morgen, doch sie kommen verlässlich und mit der Zeit immer kraftvoller. Irgendwann wirst Du auf den Moment zurückblicken, in dem Du beschlossen hast, regelmäßig zu meditieren und Dir selbst dafür dankbar sein.

Ob Du nun durch selbstbewussteres Auftreten die verdiente Beförderung bekommst oder ob Du deinen täglichen Büroalltag einfach stressfreier, mit mehr Gelassenheit und Spaß meistern kannst: MEDITATION WIRD SICH FÜR DICH LOHNEN!

EINLEITUNG

DEIN START IN EIN NEUES (BERUFS-)LEBEN

Ich bin kein Guru. Ich bin ein ganz normaler Mensch mit einem Beruf, Verpflichtungen, Familie etc. Ich führe ein ganz normales Leben. Und genau deshalb ist das Buch auch für Dich geeignet. Es ist von einem normalen Menschen für normale Menschen geschrieben. Nicht von einem Guru, der jeden Tag vier Stunden Zeit zum Meditieren hat. Ich zeige, wie es für normale Menschen/jeden funktioniert. Genau deshalb sind die Übungen in diesem Buch für Berufstätige so gut geeignet. Sie sind so gestaltet, dass man sie schnell und einfach in seinen Alltag integrieren kann. Ich zeige Dir sowohl Übungen für *SOS-Situationen im Büro*, wenn Du einmal schnell Entspannen musst, als auch diverse Meditationen für einen generell gelassenen und wachen Verstand. Du musst nicht alle Übungen regelmäßig machen. Suche Dir einfach die Meditationen für Dich heraus, die Dir am meisten zusagen und für deinen Alltag am besten passen. Sieh dieses Buch also als Büfett. Je nachdem, *welchen Hunger* Du gerade hast: Bediene Dich !

Du musst nicht perfekt sein, um Meditation für Dich wirksam zu machen. Auch dieses Buch muss nicht perfekt sein, um Dir Meditation näherzubringen. Das liegt einfach daran, dass die Erfahrungen bei der Meditation sehr individuell sind. Nur DU alleine kannst sie machen.

Auch ich hatte meine Anfangsschwierigkeiten, habe manchmal Probleme, die Meditation in den Alltag einzubauen, habe manchmal keine Lust oder sehr wenig Zeit. Ich hatte fast keine Ahnung von Meditation, als ich damit anfing, aber es hat trotzdem funktioniert, weil ich dabeigeblieben bin. Ich wusste, dass es funktionieren würde, weil ich gelesen hatte, dass durch viele psychologische und neurologische Studien die Wirksamkeit von Meditation auf das Wohlbefinden und die Stimmung bei Depressionen und Stress bewiesen wurde.

Aufgrund solcher Studien ist die MBSR (Mindfulness-Based Stress Reduction), ein Acht-Wochen-Programm, das Elemente aus dem Buddhismus und westlichen Aufmerksamkeitsübungen verbindet, inzwischen standardmäßiger Teil bei der Behandlung von Stress, Depressionen, Angststörungen und Schmerzen in vielen Kliniken weltweit – auch in Deutschland und Österreich. Ebenfalls nachgewiesen sind Blutdrucksenkung, Erhöhung des Vagotonus, der so unterschiedliche Dinge wie Verdauungstätigkeit, Orgasmen und soziale Kontakte günstig beeinflusst. Stärkung des Immunsystems, Steigerung von Enzymaktivität und vieles mehr kann durch regelmäßige Meditation erreicht werden.

Menschen, die regelmäßig meditieren, fühlen sich innerlich glücklicher, ausgeglichener, ruhiger und optimistischer. Das Denken beruhigt sich, wird klarer, man gewinnt wieder den Überblick. Das alles trifft auf das ganze Leben zu – wie auch auf jeden einzelnen Augenblick. In Wahrheit haben wir ja nur diesen Augenblick. Immer und immer wieder. Meditation schult dabei, diesen – unseren einzigen Augenblick – bewusst und selbstbewusst in guter Stimmung zu gestalten.

Dazu ein kleines Beispiel: Ich habe bei der Arbeit NIE Langeweile. Das soll heißen, ich habe immer mehr als genug zu tun. Zusätzlich betraute mich mein Chef einmal mit der ehrenvollen Aufgabe, für ihn eine Präsentation zu entwerfen und auszuarbeiten. Ich hatte stundenlang daran gesessen, bereits den zweiten überarbeiteten Entwurf abgegeben und hoffte nun, dass es das jetzt endlich war, weil ich noch jede Menge anderer Arbeit zu erledigen hatte, die währenddessen auch nicht weniger geworden war. Mein Chef kommt rein und sagt: „Sehr gut, mein Lieber! Der Kurs ist richtig. Ich habe noch ein paar Bemerkungen dazugeschrieben, schauen Sie mal in die Post." Dann verschwindet er wieder. Keine Zeit, wie fast immer. Ich rufe den Entwurf auf, schaue ihn mir kurz durch, und sehe überall Anmerkungen in Rot.

Und das am Freitagnachmittag. In dem Moment kann ich die Enttäuschung im Magen spüren. Es zieht sich zusammen, als wäre etwas Unangenehmes hineingegossen worden. Ich beobachte, wie sich das Gefühl von da aus nach unten und nach außen durch den ganzen Körper ausbreitet. Ich atme tief aus. Ich sehe mich wie ein frustriertes Häufchen Elend mit herunterhängenden Schultern auf dem Bürostuhl vor dem Bildschirm sitzen. Den geplanten Ausflug ins Grüne morgen kann ich wahrscheinlich streichen.

Ich überlege kurz, wie ich weitermache und entscheide mich, sofort mit der erneuten

Überarbeitung des Entwurfes zu beginnen. Ich bin immer noch enttäuscht, das kann ich immer noch im Bauch spüren, aber ich weiß, dass diese Arbeit endlich ist, dass ich sie machen kann und dass ich sie fertigkriegen will. Also los!

Wenn ich ganz genau in mich hineinspüre, merke ich sogar, dass ich neugierig bin, WIE GUT ich noch werden kann und wie perfekt die Präsentation am Ende sein wird. Ich spüre Optimismus und freudige Erwartung – jedenfalls mindestens ein bisschen davon. Ehrlich!
Wenn ich analysiere, was passiert ist, dann bin ich sicher, dass ich die Enttäuschung genauso intensiv, vielleicht sogar intensiver wahrgenommen habe als vor meinem Meditationstraining. Aber der ganze Rattenschwanz an frustrierten – und vor allem FRUSTRIERENDEN (!) – Gedanken, ja vielleicht sogar auch Aktionen wie z. B. den Schlamassel mit Kollegen zu besprechen, immer wiederkehrende Zweifel, ob ich das überhaupt kann, langgezogene Trauer über das vermasselte Wochenende und so weiter habe ich nicht mehr. Mein Chef gibt mir solche Aufgaben auch erst, seit ich regelmäßig meditiere. Wahrscheinlich, weil er spürt, dass ich es kann.

„Das Problem ist nicht das Problem!
Das Problem ist Deine Einstellung zu dem Problem!"

(Captain Jack Sparrow)

Das Problem mit solchen Problemen ist beim *normalen* – also untrainierten – Menschen, dass Gefühle und Gedanken einander bedingen, ohne dass es ihnen bewusstwird. Wenn Du nicht genau spürst, welche Gefühle so ein Ereignis auslöst, dann hast Du sie trotzdem und Dein Gehirn versucht, Dir dann Begründungen für diese Gefühle zu liefern. Mit Gedanken, die normalerweise irgendwie Hoffnungslosigkeit oder Frustration artikulieren, weil das ja genau die Gefühle erklärt, die Du hast. Diese Gedanken verstärken ihrerseits wieder die Gefühle. Ein Teufelskreis.

Meine Geistesgegenwart genau in der Situation, in der dieses enttäuschende Ereignis *einschlug*, hat mich gerettet. Wäre mein innerer Monolog sofort losgerattert wie vor dem Training, dann hätte ich das Gefühl im Bauch übersehen und hätte keine Chance gehabt, das Ereignis sofort zu verarbeiten.

Am Ende habe ich diese Änderungen noch an jenem Freitag innerhalb von nicht einmal zwei Stunden fertiggestellt. Ich hatte in der letzten Stunde sogar richtig Freude daran und war überaus konzentriert. Dieses Ergebnis – da bin ich mir ziemlich sicher – hätte ich in der untrainierten Phase, in der ich mich meiner Frustration und Enttäuschung hingegeben hätte, nicht hinbekommen.

All die Ratschläge, man solle Gefühle ausleben, sind meiner Meinung nach Unsinn. Ich glaube inzwischen, Du bestärkst in Dir genau das, worauf Du reagierst. Also wenn Du glaubst, Du könntest zum Beispiel Aggressionen abbauen, indem Du auf einen Sandsack eindrischst ... Ich glaube das nicht, sondern eher, dass Du dann bei der nächsten Gelegenheit noch schneller wütend wirst. Neurale Bahnen werden für unser Gehirn schließlich auch zur Gewohnheit! Es ist wie ein kleiner Feldweg. Gehe ihn 1000-mal und er wird breiter und breiter.

Reaktion ist etwas für Ungeschulte. Geschulte agieren aus eigenem Antrieb. Im Management sagt man wir sind *proaktiv* statt *reaktiv*. Dazu muss man aber erst einmal gelernt haben, Schläge schnell wegzustecken. Meditation hilft einem enorm in dieser Kunst.

Am 10. März 2016 brachte die BBC einen Bericht mit dem Titel *Can mindfulness improve pupils´ concentration?*. Der Begriff *mindfulness* bedeutet im Englischen etwas ganz Besonderes. Und zwar wird er gebraucht, wenn eine durch Meditation erreichte Achtsamkeit und ein *Sich-seiner-selbst-im-Hier-und-Jetzt-bewusst-Sein* gemeint ist. Und das war tatsächlich die Frage, die in diesem Artikel beantwortet wurde: Kann Meditation die Performance von Schülern in einem Konzentrationstest verbessern? Das Ergebnis: Ja, kann sie, und zwar signifikant. Schüler, die nur 14 Tage lang jeden Tag zehn Minuten lang eine einfache Meditationsübung gemacht hatten, konnten hinterher einen Konzentrationstest 2,4-mal öfter erfolgreich abschließen als vorher. Ich werde Dir diese Übung natürlich noch genau vorstellen.

Dem Dalai Lama wird das folgende Zitat zugeschrieben:

> *"Wenn jedem 8-jährigen Kind in der Welt Meditation beigebracht wird, dann werden wir innerhalb einer Generation die Gewalt in der Welt eliminieren."*

Ob das alleine reicht oder ob nicht ethische und moralische Leitlinien dazukommen müssten, wird noch diskutiert. Aber dieses Zitat ist im Internet schon mehrfach um die Welt gegangen. Die große Zustimmung in den sozialen Netzwerken, die es regelmäßig bekommt, zeigt, dass die Menschen der Meditation zu Recht sehr viel zutrauen. Sie glauben, dass von ihr nicht nur individuelle, sondern auch gesellschaftliche Heilung ausgehen könnte.

Warum wird sie dann so wenig im Alltag praktiziert? In Deutschland geben in Studien etwa 4 % aller Befragten an, regelmäßig zu meditieren. 40 % aber würden, anderen Umfragen zufolge, gerne regelmäßig meditieren. Woher kommt dieses Auseinanderklaffen von Wunsch und Wirklichkeit? Ich glaube, es könnte sein, dass uns einfach die Praxis fehlt. Wir haben keine Tradition in denjenigen Meditationstechniken, die uns heute vorschweben. Die Traditionen, die wir haben, praktizieren wir nicht mehr. So gibt es anscheinend eine mystische Tradition in der katholischen Kirche, in der religiöse Versenkung praktiziert wird. Das gemeinsame Singen der Psalmen im Kloster ist eine Meditationsform, das Schweigen bei den Kartäusern eine andere. Auch im Talmud soll eine Meditationstradition begründet sein.

Wohl kaum einer von diesen 40 %, die gerne meditieren möchten, denkt bei dem Stichwort *Meditation* an westliche Methoden. Wenn wir heute an Meditation denken, dann denken wir an Buddhastatuen, Gebäuden mit chinesischen Dächern und sorgsam gerechtem Kies um japanisch angelegte Koi-Becken in gepflegten Zen-Gärten oder kahlgeschorene Mönche in safranfarbenen Roben. Wir leben aber im Westen, wo es kaum derartige Zentren spirituellen Lebens gibt. Also wie sollte ich anfangen mit der Meditation?

Man müsste einen Kurs belegen. Aber der Zeitaufwand! Wie teuer ist so ein Kurs und welcher ist gut genug? Sind nur die teuren Kurse wirklich gut genug für mich? Solche Überlegungen werden wohl für dieses Auseinanderklaffen zwischen Wunsch und Wirklichkeit verantwortlich sein.

Ich weiß, dass die Menschen mit ihrer positiven Einschätzung in Bezug auf Meditation recht haben und möchte mit diesem Buch endlich eine Lücke schließen, indem ich eine ganz einfache Step-by-Step Anleitung gebe, die jeder für einen erfolgreichen Einstieg in die Meditation nutzen kann.

Hier stellt sich an dieser Stelle natürlich auch eine berechtigte Frage: Unterscheidet sich Meditation für Berufstätige von *normaler* Meditation. Die ganz klare Antwort ist: Ja und Nein.

Die Meditation an sich ist natürlich die gleiche und unterscheidet sich in der Ausführung nicht. Es handelt sich letztendlich um *normale* Meditationstechniken. Was sich allerdings unterscheidet, ist die Herangehensweise.

Ich habe die Abfolge und den Aufbau der Übungen so gewählt, dass man einen sehr schnellen Einstieg in die Meditationspraxis schaffen kann, und habe die einzelnen Übungen auch so ausgewählt, dass sie einem im Berufsleben maximal dienlich sind.

Dieses kleine Buch hier hat alles, was Du brauchst, um Meditation zu einem Teil Deines Lebens zu machen und ihre vielen mentalen und gesundheitlichen Früchte zu ernten. Meditation ist ganz einfach und ich werde wir Dir eine Reihe von Meditationstechniken vorstellen und Dich durch die erste Zeit hindurch begleiten.

Du findest durch das ganze Buch hindurch eine Rubrik mit dem Titel *Meditationstechniken*, in der ich Dir allgemeine Prinzipien beschreiben und erklären werde, wie sie funktionieren. Ebenfalls findest Du an vielen Stellen Markierungen mit dem Titel *Action Step*. Dort findest Du konkrete Hinweise, was Du tun kannst, oder auch ganze Übungen. Natürlich habe ich für Dich einfache *Anfängerübungen* herausgesucht. Ich mag diesen Begriff eigentlich nicht, weil ich denke, Meditation ist Meditation, und wer von sich behauptet, er sei *fortgeschritten* zeigt damit schon, dass er gar nicht versteht, um was es eigentlich geht. Fortgeschritten kann man in seiner Persönlichkeit sein, in Geduld, Geistesgegenwart, Energie, Verständnis, innerer Ruhe und Balance, also den Auswirkungen regelmäßiger Meditation, aber diese Fortschritte kann jeder auch mit ganz einfachen Übungen erreichen. Es kommt nicht darauf an, besonders schwierige Übungen zu meistern, sondern darauf, irgendeine Übung oder auch eine Reihe von Übungen regelmäßig zu machen.

Anfängerübung heißt in dem Zusammenhang also nur, dass es sich um Übungen handelt, die leicht durchzuführen sind. (Kopfstand mit Beinen in der

Lotusposition, zum Beispiel, wird dabei nicht verlangt.) So etwas könnte man machen, wenn man sich dem Yoga, einer speziellen Form der Meditation, verschrieben hat, in der man versucht, die Kontrolle des Geistes mit Körperkontrolle zu synchronisieren. Aber dazu schreibe ich später noch etwas.

Ich möchte Dich mit auf eine Reise nehmen, die Du nicht bereuen wirst. Am Anfang musst Du etwas Energie und Durchhaltevermögen aufwenden, aber dann wirst Du dafür auch reichlich belohnt werden.

Vergiss auch nicht, Dir die begleitenden Videos in deinem Videokurs anzusehen. Dort erkläre ich manche Techniken noch einmal ausführlicher und zeige gewisse Zusammenhänge noch einmal genauer auf!

ACTION STEP 1

Wenn Du Dir sicher bist, dass Du von Meditation profitieren möchtest, dann gib Dir selbst – gleich hier und jetzt – das Versprechen, dass Du es ernsthaft probieren wirst und mindestens einmal drei Wochen lang JEDEN Tag eine Meditation machen wirst. Etwa 30 Minuten täglich wären optimal, aber es muss auch nicht immer so lange sein. Wenn Du wirklich einmal wenig Zeit hast, reichen auch mal fünf oder zehn Minuten. Hauptsache, man bleibt dabei. Anleitungen – auch für kurze Meditationen – findest Du hier im Buch bei den Action Steps.

Überleg es Dir! Du hast nichts zu verlieren, sondern nur zu gewinnen. Aber Du musst es wirklich wollen. Dieses Versprechen wird Dir helfen, über diese Hürde der ersten Zeit, in der man so gerne mal einen *Termin* ausfallen lässt, bei dem einem vielleicht manchmal sogar etwas langweilig wird, hinwegzukommen. Und hier in dem Buch wirst Du viele Techniken beschrieben finden. Du kannst jeden Tag frei auswählen, welche davon Du machen möchtest.
Also, sobald Dein Entschluss feststeht, sprich mir nach:

„Ich verspreche hiermit feierlich, dass ich die nächsten drei Wochen jeden Tag eine Meditation machen werde, damit ich die Lebensfreude, Zuversicht und Kontrolle über mein Leben wirklich selbst erfahre und die Vorzüge der Meditation so für mich kennenlerne."

Super!

Jetzt schau noch nach, welches Datum und welcher Tag heute ist, und mach Dir eine Notiz in Deinem Kalender.

Und nun fangen wir auch gleich an:

Nimm Dir etwa zehn Minuten Zeit für unsere erste Meditation. Lies Dir zuerst alle Schritte einmal durch und geh dann auf neugierige Entdeckungsreise:

- Setz Dich bequem, aber aufrecht hin – die Hände auf dem Schoß verschränkt und übereinandergelegt oder auf den Oberschenkeln liegend.

- Schließe die Augen oder schau vor Dich hin (Blicke also ins Leere)

- Nimm Dir Zeit, in Deinem Körper anzukommen.

- Achte auf Deinen Atem, wie er jetzt hier gerade in Dich hineinströmt und aus Dir wieder herausfließt. Es geht nicht darum, etwas zu verändern, sondern nur zu beobachten, was sowieso schon da ist.

- Versuche, ganz im Hier und Jetzt zu sein.

- Nach einiger Zeit kannst Du Dich den Gefühlen zuwenden, die Du gerade jetzt in Dir bemerkst. Wie fühlst Du Dich eigentlich gerade? Versuche, da ganz offen und neugierig hinzusehen.

- Da könnte jetzt so manches Gefühl spürbar sein: Vielleicht Zufriedenheit, Neugierde, Freude, Traurigkeit, Angst, Unruhe, Glück, Zuversicht, Langeweile. Was immer es ist, es geht wieder nicht darum, etwas zu verändern, sondern einfach nur hinzusehen und auch hinzuspüren.

- Achte darauf, was die Gefühle in Deinem Körper mit Dir machen: Wo sind sie, was bewirken sie? Sind sie in der Bauchgegend? Im Brustkorb? Im Kopf? Sind sie vielleicht überall? Spüre einfach in Dich hinein und bekomme ein Gefühl für deinen Körper.

- Mit der Zeit wirst Du bemerken, dass Deine Gefühle nicht konstant sind. Sie verändern sich. Sie kommen und gehen. Beobachte das einfach und bemerke, dass Du nicht mit diesen Gefühlen identisch bist. Die Gefühle kommen und gehen, aber Du bleibst in der Beobachtung.

Das war es auch schon!

GRATULATION

Damit hast Du Deinen richtigen Einstieg in die Meditation geschafft!

Eigentlich könntest Du jetzt aufhören, weiterzulesen. Wenn Dir die Übung gefällt, könntest Du sie immer öfter machen, jeden Tag, und Du wärst in spätestens zwei Jahren so weit, wie ich es heute bin.

Du kannst Dich natürlich auch entscheiden, im Buch weiterzulesen und noch das eine oder andere zur Verfeinerung von Theorie und Praxis mitzunehmen.

Ich will Dir auch nicht verschweigen, dass es gerade bei Menschen, die sehr stressige Situationen erleben mussten, oder bei Menschen, die unverarbeitete Verletzungen mit sich herumschleppen, am Anfang auch durchaus eher unangenehm sein kann. Das Aufdecken dessen, was Dein Geist vielleicht durch seinen Schutzmechanismus verdeckt hat, das Bewusstmachen der Verletzung, der Erschöpfung, oder was immer es ist, kann unangenehm sein. Aber es ist der erste Schritt zur Heilung.

Ich muss an den englischen Spruch denken: "The truth will set you free- but first it will piss you off" (Die Wahrheit wird Dich befreien, aber zuerst wird sie Dich ärgern).

Wenn wir unseren Geist dazu bringen, diese unguten, in uns vergrabenen Gefühle offenzulegen und aufzuarbeiten, dann ist das der erste unabdingbare Schritt zur Heilung, und dann verhindern wir, dass sie sich körperlich als Krankheiten manifestieren.

Wenn also jetzt auch stressige Situationen aus Berufs- oder Privatleben hochkommen, dann sei gewiss: Das ist völlig normal und Teil des Prozesses. Versuche, einfach, es mit einer neugierigen und beobachtenden Haltung zu genießen.

WARUM DIE MEISTEN MEDITATIONS-ANFÄNGER WIEDER AUFHÖREN, BEVOR SIE ERGEBNISSE SEHEN.

(UND WIE DU ES BESSER MACHST)

Wir haben die Angewohnheit, immer etwas zu konsumieren, zu lesen, zu schauen, Musik zu hören, zu spielen, im Internet zu surfen und so weiter. Wie oft greifst Du zu deinem Smartphone, ohne wirklichen Grund dafür? Wir haben immer irgendeine Agenda: Irgendwas muss immer noch gemacht werden, sollte endlich mal gemacht werden. Wenn wir uns einmal aus diesem Hamsterrad befreien können, dann oft nur, indem wir uns eine Zwangspause verordnen, weil wir so erschöpft sind, so dass wir GAR NICHTS mehr machen möchten. Auch nicht meditieren. Das nennt man Gehetzt-sein und das führt langfristig zum Burn-out – bis hin zu einer negativen Weltsicht.

Es kann in einen sich selbst verstärkenden negativen Kreislauf münden, in dem eine zunehmend negative Weltsicht subjektiv zu einer immer stärkeren Belastung führt.
Vielleicht kennst Du es: der Widerstand, am Morgen ins Büro zu fahren, wird immer größer und die Freude und Energie sinkt. Genau davon spreche ich.

Dieser Kreislauf ist aber leicht zu durchbrechen, wenn man weiß, wie. Wir müssen mit unserer täglichen Meditation nur so lange durchhalten, bis wir die Auswirkungen im Alltag deutlich wahrnehmen. Das kann leider etwas dauern, weil ein Symptom von Stress ist, dass wir unsensibler werden. Eine Wirkung der Meditation zeigt sich darin, dass wir sensibler werden. Wir benötigen ein gewisses Maß an Sensibilität und die Fähigkeit zur Selbstbeobachtung, um die Veränderung zu erkennen. Sensibilität ist, wenn sie richtig eingesetzt wird, in keiner Weise schlecht, sondern sehr vorteilhaft.

Sicher ist es leicht, sich direkt nach einer Meditation ruhig, entspannt und wunschlos glücklich zu fühlen. Es braucht aber Übung, diese positive

Stimmung mit in den Alltag zu nehmen, und noch mehr Übung, diese Stimmung im Alltag wiederzufinden, nachdem man sie dort schon lange wieder verloren hat. Vor allem, wenn es im Büro mal stressig ist …

Stell es Dir wie ein Muskeltraining im Fitnessstudio vor: Es braucht ganz einfach Trainingszeit, bis Deine Muskeln stärker werden und bis Dein stärkerer Körper auch wirklich im Alltag für Dich relevant wird.

Und das ist genau die Falle, in die die meisten Anfänger tappen: Sie bemerken einen positiven Effekt direkt während der Meditation und auch oft noch einige Zeit später, aber das reicht nicht für die Motivation. Sich bei einer Sitzung für eine Stunde glücklich und entspannt zu machen, rechtfertigt einfach nicht den Aufwand. Ich sehe das ganz genauso. Erst wenn man bemerkt, dass sich die ganze Einstellung gegenüber dem Alltag zu jeder Zeit (also nicht nur unmittelbar nach den Meditationssitzungen) positiv verändert hat, merkt man, auf welchen Schatz man gestoßen ist. Dann ist es auch kein Problem mehr, dabeizubleiben.

Das Beste an der Sache ist, dass wir unseren Alltag positiver erleben, also weniger unter Stress leiden. Sobald wir es schaffen, uns im Alltag ruhig, froh und zuversichtlich in uns selbst aufzuhalten, werden wir auf einmal auch **den Alltag selbst viel besser meistern**.

Stell Dir vor, Du stehst vor einer Supermarktkasse und hast sehr wenig Zeit. Der Vormittag im Büro war anstrengend und am Nachmittag hast Du einen wichtigen Termin. Natürlich ist ausgerechnet Deine Kassiererin wieder die langsamste und die Schlange ist lang. Jetzt hat sie gerade einer älteren Dame die Endsumme genannt und diese fängt erst jetzt an, ihre Handtasche umständlich aus dem Einkaufswagen zu kramen. Dir wird klar, dass Du es nicht mehr rechtzeitig zu dem Termin schaffen wirst, wenn Du so lange wartest. Und statt wie üblich den inneren Gau in Dir aufziehen zu lassen, fragst Du Dich einfach nur ganz entspannt mit einem innerlichen Grinsen, ob Du Dich jetzt ärgern sollst oder nicht. Ist das nicht fantastisch, so viel Kontrolle über seine Gefühle und vor allem Reaktionen zu bekommen? Du entscheidest Dich einfach dagegen, Dich zu ärgern, weil das nervenschonender ist und das Sich-Aufregen auch nichts an der Situation ändern würde. Stattdessen atmest Du ein bisschen tiefer und überlegst Dir, wie Du am besten weitermachst, also ob Du den Artikel vielleicht doch nicht brauchst oder wie Du damit umgehen wirst, den Termin letztlich zu verpassen. Sobald das geklärt ist, findest Du sogar Zeit, die Kleidung der älteren Dame etwas genauer zu betrachten und stellst Dir vielleicht vor, wie sie ausgesehen hat, als sie mal jung war. Du hasst sie nicht und machst ihr keine Vorwürfe – nicht einmal innerlich.

Du kommst gutgelaunt zehn Minuten zu spät zu Deinem Termin und alles ist okay, weil Du der Erste bist und sonst noch keiner da ist. Die Sekretärin lässt sich von Deiner heiteren Stimmung anstecken und greift mit der Bemerkung zum Telefon, sie wolle mal hören, wo die Damen und Herren bleiben. Natürlich läuft der Termin viel besser, als wenn Du völlig gestresst, frustriert und aufgewühlt angekommen wärst. Stell Dir nur die ganze Energie vor, die man in negative Gedanken und Gefühle verschwendet hätte, und vor allem was man mit dieser Energie jetzt machen kann. Wenn wir unsere Energie nicht in destruktive Muster verschwenden, haben wir auch mehr für positive Gedanken, Gefühle und HANDLUNGEN übrig. Sobald Du ruhiger und gelassen wirst, wirst Du kurz darauf auch einen Anstieg deiner Energie spüren.

Du meinst, das ist unmöglich? Dasselbe hätte ich vor nur zwei Jahren auch noch gesagt.

Heute weiß ich ganz sicher, dass es die regelmäßige Meditation war, die diese erstaunliche Veränderung in mir bewirkt hat.

Und deswegen ist Dein Entschluss „Ich möchte jeden Tag mindestens zehn Minuten meditieren." so wichtig.

Viele machen es sich zu einem Ritual, täglich zu einem bestimmten Zeitpunkt zu meditieren. Mein Leben ist dafür zu unregelmäßig, aber wenn es geht, die Meditation zu einem täglich zu einer festen Zeit stattfindenden Ritual zu machen, dann umso besser.

Sonst musst Du halt jeden Tag wieder neu 20 Minuten irgendwie lockermachen. Auch das geht, wenn ein fester Entschluss vorliegt. Notfalls geht auch mal weniger, aber ich empfehle, wenn es möglich ist, die Meditation in einen eher ruhigen Tagesabschnitt zu legen.

Eigentlich würde ich Dich am liebsten für noch länger als nur die drei Wochen verpflichten. Denn dieses Aha-Erlebnis, bei dem Du Deine neue Souveränität an Dir selbst beobachtest, kommt auf jeden Fall. Wenn nicht nach drei Wochen, dann eben nach vier oder fünf. Es kommt auf jeden Fall, das kann ich Dir versprechen.

Wenn Du Rituale magst, dann sind hier einige Tipps:

Räucherstäbchen anzünden, Kerze anzünden, Wecker stellen, Handy abschalten, sich an einen Ort begeben, wo Du nicht gestört wirst, Dich hübsch und malerisch in eine bestimmte Meditationshaltung bringen (Selfie dann bitte vorher oder nachher und nicht mittendrin). Solche Rituale können die tägliche Meditation zu einem Erlebnis machen, auf das man sich freuen kann, denn man zelebriert die Meditation dann regelrecht. Vielleicht kennst Du Raucher, die wirklich extrem genüsslich an ihrer Zigarette ziehen. Ich empfehle Dir zwar nicht zu rauchen, aber ich empfehle dir, diese Menschen einmal genau zu beobachten. Manche Raucher zelebrieren wirklich jeden Zug. Genau mit dieser Einstellung kannst Du an die Meditation herangehen. Feiere dein Ritual.

ES IST DEINE ZEIT! FÜR DICH!

Das Gute ist, dass Du schon nach den ersten Versuchen ein Bedürfnis nach Deiner Ruhezeit spüren wirst. Wenn Du aus irgendeinem Grunde mal nicht dazu kommst, wirst Du sie vermissen. Das kommt daher, dass sie eben nicht bloß eine Ruhezeit ist, sondern ein aktives Auftanken.

Aber auch das macht die tägliche Meditation leider nicht zum Selbstläufer. Irgendwann kommt oftmals eine Phase, in der Du plötzlich keine Lust mehr hast. Vielleicht gerade dann, wenn Du vor einem wichtigen Schritt stehst, an den die Meditation Dich herangeführt hat. Du fragst Dich, was Du da eigentlich alleine jeden Tag machst, während das Leben um Dich herum wogt und feiert, und ob es eigentlich Zeitverschwendung ist.

GERADE dann solltest Du nicht aufhören. Deswegen widme ich dieser Information ein ganzes Kapitel: Es kommt darauf an, so lange weiterzumachen, bis man Erfolge an sich selbst beobachtet, die nicht direkt nach der Meditation auftreten, sondern irgendwann später im ganz normalen Alltag.

Noch etwas: Lass Dich nicht verleiten, diesen täglichen Termin als NOCH EINE weitere lästige Verpflichtung zu sehen, die Deine kostbare Freizeit NOCH WEITER einschränkt.

Das ist eine falsche Sichtweise. Du investierst täglich 10–20 Minuten, aber Du bekommst Deine GESAMTE Zeit zurück. Du wirst nämlich lernen, im Jetzt zu leben. Die Vergangenheit ist Erinnerung, die Zukunft eine Illusion. JETZT ist der einzige kurze Moment, in dem Du Bodenhaftung hast, in dem Du wirklich etwas bewirken kannst. Von der Rollfläche eines Autoreifens berühren immer nur ca. 5 % den Boden. Nur dort findet die Kraftübertragung des Autos auf den Erdboden statt. Lenkung, Bremsen, Beschleunigung, Spurhalten, all das findet nur über diese 5 % statt, die mit rasender Geschwindigkeit immer wieder wechseln. Sei froh, dass Dein Autoreifen nicht über *gerade* oder *gleich* nachdenkt, sonst würdest Du ohne jede Kontrolle über die Straße gleiten, wie ein Hoovercraft beim Aquaplaning.

Wir bewegen uns durch die Zeit wie ein Autoreifen. Dieser kurze Moment im Hier und Jetzt, so schnell er kommt und geht, ist unsere einzige Chance, unsere Kraft auf unsere Umwelt zu übertragen. (Und den vielfältigen *Input* durch die Umwelt wirklich wahrzunehmen.). Dabei ist dieses mysteriöse *Jetzt* übrigens nicht wirklich als Zeitspanne zu sehen. Was ist denn *Jetzt*? Eine Sekunde? Eine Minute? Leben im Jetzt bezieht sich eher auf einen achtsamen Umgang mit allem, was ist. Auf Deine Umwelt, Deine Gefühle und Deinen Körper.

Du kannst 80 Jahre alt werden, aber Du wirst nie mehr Zeit gehabt haben als diesen kurzen Jetzt-Moment. Das gilt für jeden. Jeder hat nur einen ganz kurzen Moment, wirklich zu leben. Aber in der Meditation lernst Du, den Moment immer wieder loszulassen und immer wieder neu anzunehmen. Und das führt zu einem wirklich herrlichen Gefühl, das man nicht wirklich beschreiben kann, sondern erleben muss.

MEDITATIONSTECHNIKEN, WIE UND WAS

WIE KANN ICH BEGINNEN?

Es gibt die verschiedensten Arten der Meditation: Einige konzentrieren sich auf den Atem, andere richten die Aufmerksamkeit auf alle Deine Sinne, wieder andere versuchen, Dich systematisch zu entspannen. Einige werden in genau festgelegter ruhiger, also unveränderter Stellung ausgeführt, andere beinhalten genau vorgeschriebene Bewegungsabläufe oder den Wechsel zwischen Bewegungs- und Ruhephasen. Da die Verbesserung der mentalen und körperlichen Gesundheit eine wichtige Motivation zum Meditieren ist, möchte ich Dir hier gleich eine Meditationstechnik vorstellen, die Du konkret bei gesundheitlichen Problemen ausprobieren kannst.

Für Anfänger besonders geeignet: Konzentration auf den Atem

Der Atem steht bei fast allen Heilpraktiken an erster Stelle und hat wohl auch die längste Tradition. Nach dieser Tradition verbindet er die Energien des Universums mit unseren inneren Energieflüssen. Wir empfangen den Atem und beim Ausatmen befreien wir uns von allem Ballast, Verspannungen, Ängsten, die sich in uns angesammelt haben.

Eine der grundlegendsten und einfachsten Meditationstechniken ist dann auch das Zählen der Atemzüge. Der Atem vollbringt die eigentliche Heilarbeit, während das Zählen unsere ruhelosen Gedanken zum Schweigen bringt.

ACTION STEP 2

Wenn Du etwas tun möchtest, um konkrete Beschwerden bei Dir zu lindern, oder auch nur, um einmal aktiv Stress abzubauen, dann empfehle ich Dir die folgende Atemübung. Sie gilt als altes japanisches *Hausmittel* gegen

Beschwerden aller Art. Ansonsten bleibe erst einmal bei der Meditation aus Action Step 1, die Du idealerweise auf 15–30 Minuten ausdehnen könntest.

- Du beginnst mit *Eins*: Du atmest tief aus.

- Dann wartest Du, bis der neue Atem ganz natürlich in Dich einströmt. Das heißt, es kann eine ziemliche Pause entstehen, bis Du wieder beginnst, einzuatmen. Du kannst ruhig tief einatmen. Achte darauf, dass Du eine Zwerchfellatmung machst, das heißt, die Luft strömt zuerst bis ganz nach unten in den Bauchraum und die Brust weitet sich erst danach. Das Zwerchfell, also die Bauchatmung, soll das Einatmen einleiten. Du kannst sogar ganz auf Brustatmung verzichten, wobei ich persönlich diese Übung meist mit sehr tiefen und sehr langsamen Atemzügen mache, bei der sich auch die Brust weitet. Die Tiefe der Atemzüge liegt ganz bei Dir.- *Zwei*: Du lässt die Luft ganz entspannt langsam aus Dir herausströmen. Versuche ruhig, möglichst vollständig auszuatmen. Mit jedem Ausatmen lässt Du angestauten Stress, Angst und körperliche Spannungen entweichen. Lass sie einfach gehen. Du spürst und hörst es, wie sie Deinen Körper verlassen. Das passiert vor allem dann, wenn Du ein Zittern oder sonstige Unregelmäßigkeiten wie Luftstauungen oder plötzliche Änderungen der Intensität des Luftstroms, spürst. Es ist also nicht notwendig, vollkommen gleichmäßig zu atmen. Zittern, Ruckeln usw. sind Anzeichen dafür, dass sich etwas gelöst hat.

- Zur richtigen Zeit beginnt der Atem wieder in Dich hineinzuströmen. Du empfängst frische Energie aus dem Universum.

- *Drei*: Du entspannst Dich völlig und der Atem strömt von ganz allein aus Dir heraus.

- Auf diese Art und Weise machst Du neun Atemzüge. Danach kannst Du eine Pause machen oder gleich den nächsten Zyklus von neun Atemzügen beginnen. Du solltest vier Zyklen machen. So kommst Du auf 36 Atemzüge.

- Du kannst diese vier Zyklen von je neun Atemzügen auch über den ganzen Tag verteilen.

- Eine bestimmte Stellung ist dabei nicht vorgeschrieben. Im Sitzen, im Bus, bei der Arbeit (in der Pause natürlich), im Stehen, im Liegen. Du kannst es sogar im Bett liegend machen. Du kannst natürlich auch eine Meditationshaltung mit aufrechtem Rückgrat einnehmen, wenn Du schon eine kennst oder gewohnt bist. Das ist aber für diese Übung nicht unbedingt nötig.

- Mach Dich darauf gefasst, dass viel passiert. Eine Genesung, die von innen ausgeht, ist immer mit mehr oder weniger intensiven Gedanken, Vorstellungen und inneren Schritten verbunden. Wenn Dir immer wieder Gedanken dazwischenkommen, dann ist das gut. Eine Heilung, die vom Atem ausgeht, wirkt über das Herz-, das Körper- und das Kopfbewusstsein gleichzeitig. Wenn Dich Gedanken regelmäßig stören, kannst Du das also als ein Zeichen sehen, dass die Heilung einsetzt. In deinem Gehirn werden gerade neurale Bahnen gestärkt, die vorher nicht genügend verwendet wurden und dein Denkapparat läuft gerade auf Höchstleistung. Auch wenn diese Übung entspannend wirkt, bedeutet sie unglaublich effektives Training für dein Gehirn.

- Du kannst Deine Konzentration auf den Atem verstärken, wenn Du versuchst, hinzuspüren, wo Du den Atem besonders deutlich wahrnimmst. Wenn Du die Übung öfter machst, wirst Du Deinen Atem gezielt zu Stellen im Körper *hinlenken* können, die Du besonders *behandeln* willst.

- Kommst Du mit dem Zählen durcheinander oder vergisst, wo Du gerade warst (passiert mir regelmäßig), fängst Du Deinen jeweiligen Neunerzyklus einfach wieder von vorne an.

DAS WAR´S SCHON.

Diese Technik eignet sich besonders zur Heilung oder Linderung so mancher Wehwehchen. Ob Dir die Schulter wehtut, Du Dir den Magen verdorben hast oder ob Du einen Schnupfen hast. Egal, welches Problem Du hast, ist diese Atemtechnik immer einen Versuch wert – so unglaublich das klingt.

Diese Technik ist übrigens sehr ähnlich jener, die die Konzentrationsfähigkeit von Schulkindern so wirksam erhöht hat, wie ich in der Einleitung erwähnt hatte. Diese haben lediglich jeweils zehn Atemzüge gemacht.

In einer anderen Übung haben sie jeweils sieben Sekunden eingeatmet und jeweils elf Sekunden ausgeatmet, was den Verhältnissen in der hier beschriebenen japanischen Methode schon recht nahekommt.

Wenn Du die Übung einmal gemeistert hast und noch mehr tun willst, kannst Du versuchen, darauf zu achten, alle Körpermuskeln bei dieser Übung so weit wie möglich zu entspannen. Eine entspannte innere und äußere Muskulatur lässt Energieströme besonders gut durch und deshalb hilft die Muskelentspannung dabei, Energiestaus aufzulösen.

WAS IST MEDITATION?

Sicher spüren wohl viele instinktiv, dass es schön wäre, in dieser hektischen, lauten Welt einfach mal zu einer tiefen Ruhe zu kommen. Eine Ruhe, die nicht gleich durch hektische Traumbilder gestört wird, sondern eine, die dem Wachzustand, dem Alltag, Tiefe geben kann.

Und wenn man diesem Wunsch nach innen hinterherspürt, merkt man auch gleich, dass er etwas mit dem Atem zu tun hat. Es ist wie ein Sehnen nach jenem tiefen Atemzug, der die Fesseln um das Herz sprengen kann, den Alltag in seiner Oberflächlichkeit und scheinbaren Absurdität und Sinnlosigkeit in seine Schranken zurückweisen kann, als wolle man rufen: „Du bleibst da, wo Du hingehörst! Ich bin ein heiliges Wesen, ich brauche meinen eigenen, heiligen, stillen und beschaulichen Raum."

Oder zumindest so ähnlich! Mir ging es vor meiner Meditationspraxis oft so, dass ich zu wenig emotionalen Abstand zu all den Problemchen im Büro, all den Terminen, all den neuen Aufgaben im Job hatte. Ich habe mich gestresst und gehetzt gefühlt. Ich konnte auch all diese Herausforderungen nicht als das einschätzen, was sie wirklich sind: Chancen.

Durch diesen Stress nimmt aber nicht selten auch die Leistungsfähigkeit im Job ab. Die führt dazu, dass man viel länger auf der Stelle tritt, als man müsste, und eben nicht die Beförderung bekommt, oder im schlimmeren Fall zum Burn-out.

Wenn es doch nur etwas gäbe, was man hier machen kann, um schnell die Stresshormone im Körper unter Kontrolle zu bekommen. Etwas, das die Gedanken sortiert. Etwas, das vielleicht neuen Sauerstoff ins Blut bringt. Etwas, das die Versorgung der Zellen mit Nährstoffen verbessert.

Schnell soll es gehen und nicht zu schwierig sein. Es sollte ortsunabhängig und zeitunabhängig anwendbar sein. Und bitte auch nicht zu teuer. Man möchte sein hart verdientes Geld ja nicht dafür ausgeben müssen, um sich von der Arbeit zu erholen. Das wäre ein absurder

Kreislauf: Arbeit zum Geldverdienen – Geld ausgeben, um sich von der Arbeit zu erholen. Nein, es soll schnell, flexibel, praktikabel und günstig sein.

Darf ich vorstellen: Kontrolle und Beobachtung des Atems!

Oft genug sind es ja auch gerade die Atemtechniken, die genau das ermöglichen: Belastungen, gesundheitliche Beschwerden, innere Verkrampfungen, ja beginnende Krankheiten einfach wegzuatmen.

Und genau das erreicht derjenige, der regelmäßig meditiert. Er schafft einen inneren, stillen Raum, den er schließlich als den Raum begreift, in dem er eigentlich existiert und von dem aus er sich selbst in diesem Alltag beobachtet und sanft, geduldig und gütig anleitet. Und das funktioniert dann nach einiger Übung auch tatsächlich, sogar in Alltagssituationen, also ohne dass Du Dich extra zur Meditation zurückziehen musst.

Rudolf Steiner schreibt: „Dem inneren Menschen können keine äußeren Kräfte Raum schaffen. Das vermag nur die *innere Ruhe*, die er in seiner Seele schafft.“ (Rudolf Steiner, Wie erlangt man Erkenntnisse der höheren Welten?, Rudolf Steiner Verlag Dornach / Schweiz, 24. Aufl. 1992 ISBN 3-7274-0100-1)

Genau darum geht es bei der Meditation: dem Übergewicht des Äußerlichen, das viele heute als überwältigend erleben, ein reiches, inneres Leben als Ausgleich und als Gegengewicht gegenüberzustellen.

Die Vielfalt der Techniken, die dahinführen, wird Dich vielleicht überraschen. Ich werde immer wieder welche in der Rubrik *Meditationstechnik* vorstellen.

Ich selbst hatte lange Zeit – bevor ich mich damit etwas näher beschäftigt habe – geglaubt, Meditation sei, wenn man im Lotussitz, mit nach oben geöffneten Handflächen auf einer Bambusmatte sitzt und laut und langsam immer wieder *Ooohm* sagt.

Es war halt die erste Technik, die ich damals kennenlernte und mein Eindruck davon war eine Art Klischee. Wahrscheinlich habe ich sie auch deswegen kennengelernt. Sie funktioniert ebenso gut wie alle anderen Techniken. Derartige Meditationen haben eine lange Tradition, die bis in die vedische (vorbuddhistische) Zeit zurückreichen und werden bis heute in buddhistischen, hinduistischen und jainistischen Traditionen gepflegt. Das Mantra *Om* selbst ist nicht übersetzbar. Man nennt es oft die *mystische Silbe* oder den *kosmischen Klang*. Er erinnert an das Selbst (Atman) und Brahman, die endgültige, göttliche und schöpferische Kraft des Universums. Andere Mantras ähneln kurzen Gebeten oder nennen Eigenschaften hinduistischer Götter oder Heiliger. Die Mantras werden oft laut gesungen, meist beim Ein- UND Ausatmen, manchmal auch nur gedacht. In jedem Fall dienen sie zur Beruhigung der Gedanken und als Übung, ihren Klang wie ein Außenstehender zu hören. Außerdem versucht der Meditierende, die Eigenschaften der in den jeweiligen Mantras genannten Götter in sich selbst zu kultivieren.

Bewegungstechniken wie Yoga oder Qi Gong, die mit vielen Übungen im Grunde schon am Rande zur Gymnastik liegen, werden – meiner Meinung nach zu Recht – als Meditationsübungen angesehen. Irgendwann habe ich eine ganz normale Judo-Trainingseinheit als Meditation verstanden. Für den christlichen Mönch ist Arbeit eine Art der Versenkung; so wie für den buddhistischen Mönch die Pflege des Zen-Gartens. Irgendwann verstand ich, dass jede Tätigkeit, wenn ich sie nur mit voller Aufmerksamkeit – ja Liebe – ausführe, eine Art Meditation sein kann. Es kommt nicht auf die Technik an, sondern darauf, ob ich es schaffe, ganz konzentriert, aufmerksam im Hier und Jetzt zu sein. Bis wir das schaffen, braucht es allerdings tatsächlich etwas Übung.

Und genau das ist die Antwort auf die Frage: Was ist Meditation? Sie ist jene Übung, die uns bei regelmäßiger Anwendung zu diesem Ziel führt.

Genauer gesagt werden eine Vielzahl von Fähigkeiten durch die meisten Meditationsübungen trainiert. Von denen gibt es ebenfalls eine Vielzahl. Wir können hier aus Platzmangel nur ganz wenige vorstellen. Alle Übungen trainieren primär Aufmerksamkeit und erreichen dadurch auch Entspannung, inneren Abstand und gleichzeitig intensivere Wahrnehmungen, souveränes Umgehen mit äußeren Ereignissen, deren Auswirkungen auf unser Inneres, bewusstes Erleben im Hier und Jetzt. Darüber hinaus auch Verbesserung der Grundstimmung, Selbstliebe, Liebe und Aufmerksamkeit gegenüber anderen, selbstbewusstes, energisches und optimistisches Angehen von Aufgaben, positive Weltsicht, Blick für das Wesentliche, Ausgeglichenheit und gute Laune.

Genau wie die negative Auffassung einen selbstverstärkenden Kreislauf auslösen kann, so kann das positive Auffassung auch. Alle oben genannten Punkte ergänzen und verstärken sich gegenseitig, so dass ein sich selbst verstärkender Kreislauf zum Positiven, zum Gesunden entsteht. Dabei brauchst Du diese Theorie überhaupt nicht zu verstehen, sondern Du wirst einfach dafür sorgen, dass Dein Körper und Dein Geist es immer wieder am eigenen Leibe erfahren. Diese Erfahrungen sind die entscheidende Triebkraft, die den sich selbst verstärkenden Kreislauf nach oben zur Heilung und dann zur persönlichen Weiterentwicklung in Gang setzen werden. Es ist quasi das oft propagierte *Learning by doing.* Wenn wir die positiven Auswirkungen an Leib und Seele spüren können, werden wir auch beginnen, sie intellektuell zu verstehen. Falls Du übrigens gerade daran zweifeln solltest, ob Meditation denn wirklich so kraftvoll sein kann, empfehle ich Dir Folgendes zu tun:

Geh ins Internet und öffne eine Suchmaschine. Meine Wahl fällt dabei auf Google. Tippe dann „Meditation Studien“ ein und lies Dir da einige Ergebnisse durch. Du wirst Studien finden, in denen belegt wurde, dass Meditation unser Gehirn regelrecht neu verkabeln kann und dass gewisse Hirnareale besser zu arbeiten beginnen. Es ist wirklich erstaunlich.

Wie die verschiedenen Übungen im Einzelnen funktionieren und welche Schritte dazu nötig sind, darüber wirst Du hier in diesem Buch noch so manches lesen:

ACTION STEP 3

Diesmal möchte ich, dass Du eine kurze Meditation machst und schon einen Plan hast, was Du danach machen möchtest. Das, was Du danach tun möchtest, sollte so etwa eine bis zehn Minuten dauern. Es könnte zum Beispiel sein, dass Du eine wichtige E-Mail schreibst oder einfach nur den Schreibtisch aufräumst. Diese Übung wird ganz einfach sein.

- Setze Dich bequem hin, Beine im Schneidersitz oder Füße auf dem Boden, gerades Rückgrat, Hände symmetrisch, also etwa in Deinem Schoß zusammen oder auf Deine Knie gelegt.

- Entspanne Dich und lächle kurz.

- Sobald Du entspannt bist, schließe die Augen.

- Mache die Übung aus Action Step 1 oder aus jener Übung, die Du in Action Step 2 kennengelernt hast, jedoch nur die ersten neun Atemzüge.

- Achte darauf, wo Du Deinen Atem beim Einatmen besonders deutlich spürst und dann lass die Luft wie immer ganz entspannt aus Dir herausströmen.

- Achte auf Geräusche. Ich weiß, dass das viel auf einmal ist, aber Meditation ist immer auch eine Übung in Wachsamkeit, Geistesgegenwart und Schnelligkeit. Wenn Du das nicht schaffst, dann bleibe mit Deiner Aufmerksamkeit beim Atmen und Spüren, wo der Atem besonders *hinströmt*. Achte auf Deine Gefühle, wenn Du die Übung aus Action Step 1 machst.

- Versuche, dabei ganz präsent im Hier und Jetzt zu sein.

- Nach neunmaligem Ausatmen (oder zehn Minuten bei der Übung aus Action Step 1) beendest Du diesen Zyklus und wendest Dich dem zu, was Du hinterher machen wolltest.

- Was immer Du tust: Bleibe im Hier und Jetzt. Tue es liebevoll und richte Deine volle Aufmerksamkeit darauf. Lass Dir ruhig Zeit und tue es sorgfältig.

- Wenn Du fertig bist, dann setze Dich nochmals hin und erinnere Dich daran, was Du gerade getan hast. Du sollst Dich so daran erinnern, als beobachtetest Du Dich dabei selbst von einer höheren Position aus. Quasi aus der Vogelperspektive.

Das war´s schon. Wenn Du möchtest, kannst Du versuchen, diese innere Sammlung und Konzentration im Alltag immer wieder – bei allen möglichen Gelegenheiten – zu suchen. Diese Aufgabe zentriert uns in unserem alltäglichen Tun und hilft uns dabei, die Ruhe und Aufmerksamkeit der Meditation in den Alltag zu übertragen. Dadurch, dass wir uns unsere Handlung vor der Meditation ins Gedächtnis rufen und nachher darüber nachdenken, handeln wir bewusster. Dieses Bewusstsein wird sich mit zunehmender Übung ganz automatisch in Deinen Alltag übertragen. Diese Übung ist also der Startschuss, der deinem Gehirn signalisiert, dass dies wichtig ist. Wir schalten unser Gehirn praktisch auf *achtsamen Autopilot* anstatt auf nur *Autopilot*. Diese Übung dient also dazu, unsere Sinne im Alltag zu schärfen und unsere Reaktionen auf gewisse Situationen bewusster zu gestalten. Erinnere Dich an unser Beispiel von der Supermarktkasse.

WOHER KOMMT STRESS UND WIE ENTSTEHEN NEGATIVE GEFÜHLE

Ich halte meine Geschichte nicht für etwas Besonderes. Viele Menschen leiden stark unter eigenen gesundheitlichen Problemen oder unter jenen naher Angehöriger. Aber auch für alle anderen Menschen wächst die Stressbelastung beständig an. Die beruflichen Belastungen steigen: Arbeit wird immer mehr zu Fremdarbeit, Arbeitslosigkeit – oder auch nur die Angst davor – erzeugt ebenfalls sehr viel Stress, seit die soziale Absicherung immer weiter abgebaut wird. Unser Verhältnis zueinander erzeugt oft Stress, weil wir schon in der Schule beigebracht bekommen, dass wir in Konkurrenz zueinander zu stehen haben, dass ich nur dann gut bin, wenn ich besser bin als andere. Die Gesellschaft scheint entsolidarisiert und gespalten, das Vertrauen in Politiker und Regierende schwindet, der Mensch fühlt sich ausgeliefert, ausgebeutet und alleingelassen. Es gibt heutzutage kaum noch jemanden, der einen gesunden Stresslevel hat: Eustress. Dieser umfasst kreativen Stress durch Eintauchen in eine Aufgabe, die man liebt, und scheint eher das Privileg einiger Erfolgreicher und Glücklicher zu sein. Umweltfaktoren könnten eine Rolle spielen, Konsumzwang, Ernährung und vieles mehr.

Überforderung spiegelt sich in steigenden Suizidraten wider – sowohl in Deutschland als auch in Österreich.

Nun habe ich etwas entdeckt, was ich hier mit diesem Buch auch möglichst vielen Lesern mitteilen möchte: Stress entsteht nämlich nicht nur durch äußere Faktoren, sondern auch durch unsere eigene Unfähigkeit, damit umzugehen. Entschuldige, wenn ich das so hart sage, aber es ist meiner Meinung nach wahr. Sicher gibt es Erklärungen und Entschuldigungen, warum das so ist: Einbindung in Familien nimmt immer mehr ab. Kinder werden immer früher in Krippen abgegeben und Alte in Heime, der Anteil an Single-Haushalten nimmt immer mehr zu. Kurz: Der Mensch vereinsamt und steht schließlich mit seinen Problemen alleine da. Er findet immer weniger Ventile oder Möglichkeiten, Probleme mit anderen zu lösen oder wenigstens zu besprechen. In Familien mit zwei berufstätigen Eltern fehlt auch oft einfach die Zeit dazu.

In so einer Zeit heißt die Lösung: „Wenn ich schon auf mich selbst angewiesen bin, dann aber auch richtig! Dann setze ich mich mit mir selbst hin und lerne den Menschen, der mir als einziger noch bleibt, auch mal richtig kennen."

Ich würde heute sogar sagen: „Ich lerne, in diesem Menschen mal richtig zu LEBEN."

Das Rezept heißt **regelmäßige** Meditation.

Wenn Du das tust, dann lernst Du so wie ich, dass Stress eben auch aus uns selbst heraus reguliert werden kann und dass wir eine Möglichkeit haben, noch so stressige äußere Umstände durch Meditation, durch geordnete Gedanken, durch bewusste Gefühle, durch eine allgemeine Steigerung des Wohlbefindens und Lebensfreude abzufangen.

Du lernst diese Umstände dann tatsächlich auch anzunehmen, aktiv zu gestalten und auf eine Weise handlungsfähig zu werden, die nicht alleine unsere Stimmung ganz erheblich verbessert, sondern uns auch die gedankliche, situative und emotionale Kontrolle gibt, Probleme anzupacken. Ich möchte an dieser Stelle noch einmal betonen, dass ich kein Guru bin und Du auch keiner sein musst, um Meditation für Dich auf diese Art und Weise wirksam zu machen.

Wie das praktisch aussieht, dazu im nächsten Kapitel mehr. Jetzt will ich erst einmal Deinen Stresslevel ganz aktiv herunterfahren, damit Du im nächsten Kapitel die innere Ruhe und Aufmerksamkeit hast, um die praktische Wirkungsweise der Meditation in Dir selbst nachzuvollziehen.

Dabei ergibt sich dann auch die Antwort auf die Frage, woher Stress und Gefühle kommen. Kleiner Tipp im Voraus: Gedanken verursachen Gefühle und Gefühle verursachen Gedanken und wenn man das nicht weiß oder erkennt, dann verursachen negative Gedanken und Gefühle Stress, weil man nicht versteht, warum man sich die ganze Zeit so schlechtfühlt.

MEDITATIONSTECHNIK GEGEN STRESS?

JEDE Meditationstechnik ist geeignet, Stress abzubauen. Das liegt einfach daran, dass nicht die eigentlichen Ereignisse Stress erzeugen, sondern unsere Wahrnehmung und dass wir mit deren Verarbeitung akut überfordert sind.

An dieser Stelle finde ich es übrigens interessant, anzumerken, dass sowohl alte östliche Traditionen der Meditation mit alten europäischen Philosophien komplett einhergehen, obwohl sie einen komplett anderen Zugang zu gewissen Dingen haben. So ist zum Beispiel eine der wichtigsten Erkenntnisse der Stoiker, dass nicht Situationen die Auslöser unserer Gefühle sind, sondern unsere Interpretation und Wahrnehmung. Eines der obersten Gebote der Stoiker lautet daher, die Wahrnehmung zu steuern. Es gilt, sich auf Dinge zu konzentrieren, die wir ändern können, und Umstände gedanklich *gehen zu lassen*, die nicht in unserer Macht stehen. Meditation gibt uns das Werkzeug an die Hand, dies auch aktiv im Alltag machen zu können.

Wenn Du spürst, dass Du durch Stress akut überfordert bist, dann frage Deinen Arzt nach MBSR (Mindfulness-Based Stress Reduction), ein Meditationsprogramm, welches klinisch anerkannt ist und von den meisten Krankenkassen zumindest bezuschusst wird. In manchen Zentren wird es auch in Verbindung mit Yoga angeboten.

ACTION STEP 4

Ich möchte Dir eine kleine 15-minütige Meditationsübung anbieten, die speziell für Stressabbau konzipiert ist.

Davor möchte ich Dir aber noch sagen, dass mit diesem wunderbaren Begriff *mindfulness* (*im Bewusstsein sein*) nicht nur die Aufmerksamkeit unseres Kopfbewusstseins gemeint ist, sondern auch die unseres Herzbewusstseins. Ja, das Herz hat ein eigenes Bewusstsein. Das Herz ist auch jener Bereich, in dem Zuversicht, Mut und Vertrauen entstehen. Alte Redensarten greifen das auf: „Ich fasse mir ein Herz“ oder „Ich hatte nicht das Herz, das zu tun“ Für die Bewältigung von Stress wie für den Abbau von Depressionen ist es wichtig, den Herzbereich zu beeinflussen, damit wir in uns Zuversicht und Optimismus wiederfinden, die wir brauchen, um unsere Situation mit frischem Mut anzupacken.

In der folgenden Meditation wirst Du lernen, durch Deinen Atem diesen Herzbereich zu befreien.

Hier ist die Übung:

- Setz Dich bequem, aber mit aufrechter Wirbelsäule hin. Nimm Dein Kinn etwas zurück. Dein Kopf sollte aufrecht sein, aber eher etwas nach vorne geneigt. Deine Hände kannst Du in Deinem Schoß zusammenlegen oder auf Deine Beine legen.

- Atme normal durch die Nase und achte dabei darauf, wie der Atem Deine Nasenhaare bewegt. Das ist gar nicht so leicht zu spüren.

- Sobald Du das spürst, achte weiter darauf.

  Nach einiger Zeit (normalerweise nach einigen Minuten) wird Dein Atem ruhiger. Das ist jener Moment, in dem Du spürst, wie Dein Atem auch den Bereich um Dein Brustbein entspannt. Behalte Deine Nasenhaare *im Blick*, aber achte auch darauf, was sich um Dein Brustbein herum abspielt. Das erfordert einige Konzentration. Lass Dir Zeit. Es ist Training und es ist noch kein Meister vom Himmel gefallen. Vergiss nicht: Das Training an sich ist das Wichtige – nicht eine perfekte Einheit.

- In der Folge spüren wir viele Unregelmäßigkeiten beim Ausatmen. Manche Menschen spüren eine Art Zucken im Brustbeinbereich, andere spüren etwas, als werde dieser Bereich mit *Bewusstsein* oder *Wärme* geflutet. Wenn Du es spürst, wirst Du wissen, was ich meine. Manche spüren auch alles gleichzeitig. Manche nichts davon. Das ist alles okay. Wie gesagt: Die Konzentration an sich ist wichtig – nicht das direkte Ergebnis. Die Befreiung des Herzbereiches ist DER wichtige Schritt, der Dir bei Stressbewältigung hilft.

- Wenn Du zwischendurch merkst, dass sich Dein Kopf nach hinten bewegt hat, dann korrigiere die Stellung und nimm das Kinn wieder nach vorne.

- Wenn sich zwischendurch tiefe Atemzüge einstellen, ist das okay. Der Atem soll nicht reguliert werden, sondern ganz natürlich sein.

Nach 15 Minuten hörst Du auf. Das war´s.

Wie war es? Fühlst Du Dich ruhiger und aufgeräumter als vorher?

Konntest Du Deine Nasenhaare die ganze Zeit *im Blick* behalten oder bist Du durch Gedanken oder Bilder abgelenkt worden? Wenn Du glaubst, es habe nicht so recht funktioniert, dann denke daran, dass es auf die Momente ankommt, in denen Du deine Konzentration gelenkt hast. Nur die sind wichtig.

WAS BRINGT MEDITATION?

DU WIRST ERSTAUNT SEIN!

Ich sitze morgens beim Kaffee und einem (aufgewärmten) Brötchen in der Küche. Meine Partner hat seinen Wecker auf 15 Minuten später stehen als ich, kommt rein, ist noch beim Anziehen, Bürotasche schon unter dem Arm. „Alles klar?" „Ja", antworte ich. „Willst Du noch schnell einen Kaffee und ein Brötchen? Ich habe schon alles fertig hier für Dich." „Nein, danke, tut mir jetzt echt leid, aber im Büro geht es im Moment total verrückt zu. Wenn ich NOCH mal zu spät komme, dann kann ich mir 100%-ig einen neuen Job suchen." Kuss und ab.

Ich sitze also wieder alleine in der Küche und spüre die Enttäuschung im Magen. Eine Sekunde, danke, das war´s. Ist ja klar, dass ich enttäuscht bin. War das alles? Nochmals kurz nachgespürt: Nein, im Herzen sitzt auch noch was. Ich schließe die Augen, konzentriere mich drauf und atme etwas tiefer. Das dauert zehn Sekunden, bis es weg ist. Das muss aber noch besser werden. Ich fülle mein Herz mit Liebe. Liebe ist eine der wenigen Sachen, die man überall verteilen kann, und die dabei nicht weniger werden, sondern mehr. Ich höre das Auto meines Partners wegfahren. Ich sehe die ganze Situation, die vielleicht insgesamt nur zwei Minuten gedauert hat, wie EINEN Moment. Betrachte sie und versuche, eine Antwort zu finden. Sollte ich seinen Wecker einfach mal zehn Minuten nach vorne stellen? Nein. Wenn ihm was daran läge, mit mir zu frühstücken, könnte er das ja selbst machen. Noch mal genau beobachten: da kommt doch bestimmt etwas. Und tatsächlich: Magen und vordere Bauchwand. Danke für die Info. Für die Information, dass ich enttäuscht bin, brauche ich nicht stundenlang diese Gefühle mit mir rumschleppen. Eine Sekunde reicht. Ich bin ja nicht dumm. Im Herzen spüre ich diesmal keinen wahrnehmbaren Impact. Sollte ich mit ihm Schluss machen? Nein. Es gibt ja immerhin sehr viele Sachen, die echt gut mit uns laufen. Und BAMM! Wieder Impact, diesmal positiv. Diesmal lasse ich die Gefühle einmal etwas länger drin. Ich kann entscheiden, welche Gefühle ich verstärke und welche nicht. Ich kann entscheiden, welchen Gefühlen ich länger Raum gebe und welche schneller gehen müssen.

Im Endeffekt frühstücke ich in guter Stimmung weiter und mache dann, was ich halt so machen wollte.

Das hat Meditation für mich gebracht:

Ich checke einfach, was ich tun kann, komme auf Ideen oder auch nicht. Aber was ich NICHT mehr tue: Ich begebe mich nicht mehr in einen Kreislauf sich gegenseitig bedingender und verstärkender negativer Gedanken und Gefühle. Dafür gefallen mir diese negativen Gefühle einfach nicht gut genug. Ich mag sie nicht. Sie könnten sich ja mal ein bisschen anstrengen und sich etwas angenehmer anfühlen, dann würde ich es mir nochmals überlegen. Aber solange das nicht eintritt, schmeiße ich sie raus, sobald sie reinkommen. Ich kriege alle Informationen, die ich brauche. Diese Gefühle, die ich vor meiner geistigen Schulung manchmal tagelang mit mir herumschleppte und die auch nicht nur mein Denken, sondern auch mein Handeln UNBEWUSST beeinflussten, brauche ich nicht. Ich habe unbewusst großgeschrieben, weil es mir nicht darum geht, gefühllos zu werden. Das werde ich auch nicht. Nur entscheide ich jetzt einfach selbst, welche Gefühle und Gedanken ich in mir kultiviere. Ich räume auf. Ich bekomme Distanz zu meinen Gefühlen und kann die Gefühle, die sich gut anfühlen, ganz nah zu mir herholen und jene, die sich nicht so gut anfühlen, weiter von mir wegschubsen. Das hat übrigens nichts mit Verdrängen zu tun. Eher das Gegenteil ist der Fall: Dadurch, dass ich das Gefühl vorher angenommen und ganz genau lokalisiert und gespürt habe, verliert es an Kraft, sobald ich mich dazu entschließe. Die Information, die ich bekommen habe, habe ich immer noch. Nur der Rattenschwanz an negativen Gefühlen und Gedanken ist verschwunden. Er fehlt mir auch nicht.

WAS BRINGT MEDITATION FÜR DICH?

- Wenn Du Dich belastet fühlst – etwa durch Stress, Schmerzen oder Krankheiten – bringt sie Dir Linderung, grundlegende Verbesserungen, ja eventuell sogar völlige Heilung.

- Wenn Du Dich wohlfühlst, aber Dich in irgendeiner Weise in deinem Leben verbessern möchtest, etwa Deine Leistung im Beruf, beim Lernen,

Deine soziale Kompetenz oder Du Dich auf besondere Ereignisse – wichtige Treffen, Prüfungen, eine besonders anspruchsvolle Aufgabe – vorbereiten möchtest, wird deine Performance verbessert. Vorausgesetzt, Du hast lange genug täglich meditiert, um diese Schulung des Geistes in die Alltagsgegenwart mitzunehmen.

Ich möchte versuchen, einmal einfach eine Reihe von Wirkungen aufzuzählen:

1. Im Englischen wird immer von **Mindfulness** gesprochen, wenn es um die Wirkung der Meditation geht. Leider gibt es im Deutschen kein Wort, das dieses vollständig übersetzt. Ich spreche meist von *Aufmerksamkeit* oder *Achtsamkeit*, was aber nur einen Teilbereich übersetzt.

Ich glaube *Mind* kann man mit *Geist* oder *Bewusstsein* übersetzen. Dann heißt *mindfulness*: *Mit Geist und Bewusstsein gefüllt sein.* Dabei versteht man als Praktizierender der Meditation, dass damit das Bewusstsein im Hier und Jetzt gemeint ist. Das bedeutet, dass Gedanken an gestern oder morgen oder Sorgen, Ängste, Süchte, überflüssige Gedanken sowie alle Gefühle, die durch sie erzeugt werden, einfach keinen Platz mehr in uns haben, weil wir ja mit Jetzt-Bewusstsein erfüllt sind.

Das bedeutet nicht, dass wir Gedanken oder Bedürfnissen gegenüber ignorant werden. Im Gegenteil. Wir weisen solchen Gedanken aber aktiv ihren Platz zu und haben die Geistesgegenwart entwickelt, kurz zu entscheiden, ob und auf welche Weise wir reagieren, statt uns von diesen Gedanken durch die Gegend kutschieren zu lassen (Autopilot).

Forscher der Universität Los Angeles (UCLA) konnten sogar eine Veränderung der Hirnstruktur bei meditierenden Probanden feststellen. So entwickelte sich bei diesen Personen mehr graue Substanz im Bereich der emotionsregulierenden Hirnareale. Es können neue neurale Kreisläufe und Synapsen gebildet werden, die uns dabei helfen, unsere Emotionen zu kontrollieren, und uns auf positive Art feinfühliger zu machen. [1]

2. Gelassenheit. All das, was ich gerade beschrieben habe, nenne ich *Gelassenheit.* Solange ich das Nötige in richtiger und effektiver Weise ausführe, ist es nämlich egal, ob ich dabei einen riesen Berg von Emotionen mitschleppe oder nicht. Eigentlich ist es viel besser, wenn ich mein Bewusstsein von Emotionen befreit habe, weil ich dann mehr Ruhe und Raum habe, die nötigen Aktionen richtig anzugehen. Zumindest bei negativen Emotionen ist dies zutreffend. Positive kann ich verstärken, wenn ich das möchte.

Als ich zu meinem Freund G. einmal sagte, ich suchte für mein Buch nach Beispielen für die Wirkung regelmäßiger Meditation meinte er Folgendes: „Ich erinnere mich an ein Beispiel, etwa eineinhalb Jahre, nachdem ich angefangen hatte, wirklich regelmäßig zu meditieren.“ (Er hatte schon viel länger Meditationserfahrung, aber er meditierte früher sehr unregelmäßig) „Mein Sohn“ (elf Jahre) „trödelte schon wieder bei seiner Hausarbeit. Er sollte spülen, aber ich hörte, dass nichts passierte. Ich schrieb am Laptop. Der alte G. hätte sich nicht nur aufgeregt, sondern er wäre auch frustriert gewesen.“ (Er redet gerne von sich in der dritten Person. Dabei ist „der alte G.“ er selbst, bevor er *bewusst wurd*e, wie er das nennt.) „Möglicherweise hätte ich ihm einmal wieder erklärt, wie viel ich immer für ihn tue und hätte ihn aggressiv gefragt, warum er solche Kleinigkeiten nicht auch einmal für mich tun kann. Ich hätte es als Angriff auf mich empfunden, als ungerechte Behandlung und ich wäre sauer gewesen.
Diesmal ließ ich ihn einfach eine Weile trödeln, weil ich seine Entscheidung, das zu tun, respektierte. Nach einiger Zeit dachte ich, dass er vielleicht bei irgendetwas Hilfe braucht. Ich ging in die Küche und fragte kurz, warum er die Arbeit so in die Länge zieht, obwohl er sie nicht möge. Wenn er sie schnell machen würde, wäre er doch eher fertig. Ganz sachlich, nett und respektvoll.

Auch innerlich blieb ich ganz gelassen, war nicht böse, nicht aufgebracht, nicht enttäuscht, nicht mal sauer, dass ich meinen Arbeitsplatz unnötigerweise verlassen hatte müssen.

“Hätte ja auch nicht wirklich viel gebracht,“ warf ich ein.

„Eben!“ fuhr er fort. „Das sind alles völlig überflüssige Gedanken, die überhaupt nichts zur Lösung beitragen. Ich brauche sie nicht zu unterdrücken, sondern ich HABE sie überhaupt nicht mehr. Ich ordnete ein paar Sachen, um ihm zu helfen, und ging wieder an meine Arbeit."

„Jaja" sagte ich „Man wird irgendwie pragmatischer."
„Ja" meinte er weiter. „Ich glaube nicht, dass dieses Eingreifen wirklich viel gebracht hat, aber hätte das Sich-Aufregen, Frustriert-Sein und Vorwürfe machen etwas gebracht? Ich vermute eher noch weniger. Ich litt auch nicht darunter, dass ich für diese Situation zu jener Zeit keine Lösung hatte. Der alte G. hätte wahrscheinlich ganz anders reagiert. Ich vertraute einfach darauf, dass mir irgendwann eine bessere Lösung einfallen würde."

„Und ist Dir noch eine eingefallen?", fragte ich.

Daraufhin holte G. zum Monolog aus und erklärte mir viele Spannende Sachen über Kindeserziehung. Ich kürze hier etwas ab, weil das nicht mehr wirklich viel mit Meditation, sondern mit Entwicklung, speziell mit Willensentwicklung zu tun hat. Der Punkt war folgender: Keiner will Dinge tun, die er eigentlich nicht gerne macht, wozu er aber gezwungen wird. Das ist ein anderes Problem. Ich will nur sagen, dass er später genauer verstanden hat, was sich da abspielt und seinem Sohn dabei helfen konnte, solche Sachen an zupacken. Er sagte jedenfalls, dass er sich an dieses Ereignis so gut erinnerte, weil er „sich selbst für seine Gelassenheit bewunderte" und er dachte, dass es so 100-mal besser sei, als mit Krach und schlechter Laune zu reagieren. Ohne diese Gelassenheit, meinte G, wäre er auch niemals zu der Wurzel des Verhaltens seines Sohnes vorgedrungen. Dazu brauchte er einen klaren Kopf, Gelassenheit und Distanz zur jeweiligen Situation. G nennt dies gerne *über den Dingen stehen* und meint damit keine abgehobene und arrogante Eigenschaft, sondern einfach die Fähigkeit, solche Alltagssituationen zu überschauen und angemessen darauf zu reagieren.

Eine Studie von Forschern der Carnegie Mellon University verdeutlicht die Punkte *Gelassenheit* und *Stressabbau* sehr deutlich. Hier wurde Probanden eine 25-minütige Meditationseinheit für drei Tage zur Absolvierung aufgetragen. Die Kontrollgruppe erhielt ein alternatives kognitives Trainingsprogramm. Bereits nach drei Tagen gaben die Probanden der Meditationsgruppe an, sich gelassener zu fühlen. In Speichelproben konnte eine größere Cortisolreaktivität festgestellt werden, was die subjektiven Empfindungen untermauert (Corstisol ist ein Stresshormon in unserem Körper). [2]

3. Aus dem oben Beschriebenen geht schon hervor: Die **Stimmung** bessert sich ganz allgemein. Wir benehmen uns manchmal wie Kinder. Negative Gedanken erzeugen schlechte Gefühle, die wir dann stunden- oder tagelang mit uns herumtragen. Wir müssten schon den negativen Gedanken widerlegen, bevor wir wieder in eine bessere Stimmung kommen. Eine bessere Situation müsste eintreten. Dabei ist das alles ganz unnötig. Wie wir bereits besprochen hatten, bestimmt unsere Wahrnehmung und Interpretation von Ereignissen unsere Gefühle. Nicht die Situation selbst. Es ist, wie seinen Schreibtisch aufzuräumen. Bevor man das nicht gemacht hat, braucht man mit dem Abstauben gar nicht anzufangen. Hast Du einmal Ordnung etabliert, in der alle wichtigen Arbeitsgeräte, Werkzeuge und die nötigen Materialien übersichtlich angeordnet sind, hast Du Platz zum Aufwischen (negative Gefühle weg und heitere, ruhige aufgeräumte Stimmung stattdessen). Auch für jene Sachen, die vielleicht unerwartet auftauchen könnten. Das spürst Du auch. Du gehst bei allem mit viel größerer **Zuversicht** vor, weil Du weißt, dass Du nicht überlastet bist, sondern, dass auf Deinem Schreibtisch sogar noch Platz für weitere Aufgaben ist. Der Mensch ist nicht dumm. Er spürt fast alles. Es fehlt nur manchmal an Übung, seine Situation aktiv zum Positiven zu gestalten.

Auch für diesen Punkt gibt es eine interessante Forschungsstudie, in der meditierenden Menschen und einer Kontrollgruppe unschöne (weil brutale und sehr negative) Szenen auf einem Bildschirm gezeigt wurden. Die Kontrollgruppe wies dabei eine deutlich höhere Konzentration an Gammawellen im Frontalbereich des Gehirns auf. Das bedeutet, dass die Kontrollgruppe diesen *Film* weniger reflektiert betrachten konnte und sich weniger Überblick über die Gesamtsituation verschaffen konnte als die Gruppe der meditierenden Menschen. Die Meditationsgruppe hatte sich von den negativen äußeren Einflüssen nicht so stark *mitreißen* lassen als die Kontrollgruppe. Dadurch konnten sie in allen Situationen positiver bleiben. [3]

4. **Energie**. Aufräumen heißt auch, Energie zu sparen. Wir finden zu einer **Geistesgegenwart**, einer **Wachheit**, einen **Kontakt zur Realität** im Hier und Jetzt, der unvergleichbar intensiver ist als vor unserer meditativen Schulung. Und doch fühlen wir uns so viel energiegeladener als vorher.
Wie kommt das? Ich kann es ehrlich gesagt nicht sagen. Aber ich verstehe, dass viele, die durch Meditation dasselbe erfahren haben wie ich. Viele glauben, sie hätten sich an irgendeine geheimnisvolle Energiequelle des Universums angeschlossen. Vielleicht unterschätzen wir auch den Energieverlust durch die *inneren Kämpfe*, Reibungen, widersprüchlichen Impulse, denen wir vorher ausgeliefert waren. Wir verschwenden in der Regel viel zu viel Energie für negative Gefühle. Sind diese weg, setzt man enorm viel Kapazitäten frei. Auf einer rein biochemischen Ebene würde sich das sogar erklären lassen, da weniger Stresshormone im Körper zirkulieren, die uns auf einer rein körperlichen Ebene schwächen. Unserem endokrinen System wird sozusagen eine Pause gegönnt.

Ich merke zum Beispiel, dass sich meine Einstellung zu ungeliebten Arbeiten stark verändert hat. Früher führte ich eine To-do-Liste im Computer, in der ich alles notierte, was ich tun sollte. Manche Sachen rutschten immer wieder nach unten. „Schublade unter dem Regal aufräumen“ stand bestimmt zwei Jahre auf der Liste. (Die Schublade ist riesig und voller Krempel). In letzter Zeit sage ich mir immer öfter „Mache ich das sofort, dann brauche ich es gar nicht erst aufzuschreiben.“ Du wirst es kaum glauben: Die Liste wird immer kürzer, seit ich mich immer öfter dafür entscheide, etwas sofort zu tun, was getan werden muss.

Zum Thema Energie und Meditation gibt es eine interessante Studie, in der Mönche, die Langzeiterfahrung mit Meditation hatten, an ein EEG-Gerät zur Messung der Hirnströme angeschlossen wurden. Bei diesen Mönchen stellte man die bis dato höchsten Ausschläge an Gammawellen fest, die jemals gemessen wurden. Außerdem waren die Wellen gleichmäßiger als bei der *Normalbevölkerung*. Daraus lässt sich ableiten, dass dem Gehirn der Mönche regelrecht *mehr Strom* zur Verfügung stand. [4]

5. **Konzentration** ist im Grunde eine logische Konsequenz aus dem vorher Gesagten.
Im Alltag bedeutet das, dass wir Aufgaben schneller, souveräner und letztlich erfolgreicher abschließen, als wir es vorher konnten. Da bekommt beispielsweise

Meditation zur Prüfungsvorbereitung oder als Vorbereitung für wichtige Termine oder anspruchsvolle Aufgaben ihren Sinn. Übertriebene Ängste sind dabei nicht nur unangenehm und unnötig, sondern sogar kontraproduktiv, weil sie ablenken, weil sie einen undisziplinierten inneren Monolog lostreten, der das Bewusstsein nur ablenkt und behindert. Kein Gedanke an die Zukunft kann Dir bei einer Prüfung helfen. Es hilft nur der volle Bodenkontakt, die volle Kontrolle über den Moment, die 5 % Auflagefläche. Kein Dreck, kein Staub, kein Wasser, kein Öl. Das bedeutet, keine Gefühle und keine durch Gefühle ausgelösten überflüssigen Gedanken. Mindfulness heißt, das Bewusstsein ist VOLL von Geist, kein Platz für negative Gefühle oder hysterisches Gegacker. Ich wünsche Dir, dass Du es mal erlebst, wie sehr die Konzentration Dir bei Deinen täglichen Aufgaben hilft.

Wen wundert es, dass viele erfolgreiche Spitzensportler Meditation nennen, wenn man sie nach ihrem *Geheimrezept* fragt.

In vielen Meditationsübungen trainieren wir unsere Konzentration auf verschiedene Art und Weise. Diese Konzentrationsfähigkeit ist wie ein Muskel, den wir trainieren. Wenn er gut trainiert ist, können wir den Muskel für alle möglichen Aufgaben einsetzen.

Mittlerweile gibt es mehrere Studien zum Thema Meditation und Konzentrationsfähigkeit. So konnte eine Studie von Forschern der George Mason University zeigen, dass sich die Leistungsfähigkeit von Studenten erhöhte, wenn sie vor den Vorlesungen meditierten. Die Studenten wurden nach den Vorlesungen verschiedenen Tests zum Vorlesungsthema unterzogen. Dabei schnitten die meditierenden Studenten um einiges besser ab als die Kontrollgruppe.

6. **Blick für das Wesentliche**. Wenn Du die Gefühle, die die ewige Achterbahn unseres (debilen) inneren Monologes ständig in uns erzeugt, mal los bist, wirst Du Dich wundern, wie effektiv ein solches von diesem Ballast befreites Gehirn funktioniert.

Aber wie kann ich wissen, was Ballast ist? Wie kann ich wissen, dass ich nicht etwas vom Schreibtisch weggeräumt habe, was ich noch dringend brauche? Gedanken oder Gefühle, die vielleicht wesentlich sind für meine Entscheidungen?

Ich weiß es nicht. Das heißt, ich weiß, dass ich das Wesentliche erkennen kann, aber ich kann nicht erklären, wieso. Vielleicht bin ich in eine tiefere Schicht meines Bewusstseins gerutscht. Wie ein Fluss, dessen Bewusstsein von der Oberfläche in seine Tiefe gewandert ist. An der Oberfläche gibt es alle möglichen Wellen, Kräuselungen durch den Wind, oder konzentrische Wellen von *einschlagenden* Ereignissen. Aber die Strömungen, die seinen Lebenszweck erfüllen, die finden in der Tiefe statt. Also warum soll er sein Bewusstsein mit diesen vielen unbedeutenden Wellen an der Oberfläche belasten, wenn es doch die Ereignisse in der Tiefe sind, die seiner Existenz Sinn geben?

Das Erkennen des Wesentlichen ist wichtig für Deine Effektivität. Du kannst mit viel Aufwand sehr viel arbeiten und dabei wenig erreichen. Oder Du erkennst das Wesentliche und erreichst viel mehr mit viel weniger Arbeit. In Berufen, in denen Zeit Geld ist, kommt es besonders auf Effektivität an. So meditieren viele Topmanager genau aus diesem Grunde: Um besser zu erkennen, was wirklich wichtig ist und was nicht. Und sie machen dann das Wichtige, um mit 20 % Aufwand 80 % des Ergebnisses zu erzielen. Ein Teil jener 20 %, die sie in ihrer äußerst knappen Zeit machen, entfällt darauf, 20 Minuten täglich rumzusitzen und zu meditieren. Interessant, oder?
Eine Studie aus dem Jahr 2011 legt nahe, dass uns Meditation durch eine Entkopplung von Reiz und Reaktion hilft, mehr Überblick über unseren Alltag und unsere Gefühle zu bekommen. Der automatische Prozess zwischen Reiz (irgendeine Situation, jemand sagt etwas usw.) und unserer emotionalen Reaktion darauf (schlechte Gefühle usw.) wird durch das geistige Training einer neuen Evaluierung unterzogen. Wir gelangen somit in jenen Zustand, den ich *die Spirale der Gefühle* nenne. [5]

7. Schnelligkeit, Geistesgegenwart. Auch das geht aus dem bereits Gesagten hervor. Ich brauche JETZT einen schwarzschreibenden Kuli. Mit dem aufgeräumten Schreibtisch nehme ich ihn und fange an zu schreiben. Auf dem Schreibtisch, auf dem 1000 Sachen übereinandergestapelt sind, fange ich erst mal an zu suchen und brauche viel länger, bis ich zu schreiben beginnen kann. Du weißt bereits, dass viele Meditationstechniken Übungen der Aufmerksamkeit enthalten. Sobald Dir klar wird, dass Du äußerste Schnelligkeit benötigst, um beispielsweise ALLE Geräusche wahrzunehmen, die Deine Ohren erreichen, also die akustischen Wahrnehmungsfilter VÖLLIG auszuschalten, merkst Du, dass im Augenblick zu leben, eine hohe Wachheit erfordert. Du hast keine Zeit, Dich zu wundern, über ein bestimmtes Geräusch nachzudenken, oder Geräusche irgendwelche Gefühle auslösen zu lassen. Dann verpasst Du nämlich das nächste Geräusch. Mit einer Übung, die Dir *Geräusche* als das Wesentliche vorgibt, trainierst Du Schnelligkeit und Geistesgegenwart und alles, was Du trainierst, entwickelst Du. Übung macht den Meister. Das ist ein zeitloses Gesetz.

Eine Studie, die im Jahre 2015 mit Jugendlichen zwischen 12 und 15 Jahren gemacht wurde, konnte belegen, dass Meditation die *working memory capacity* vergrößern konnte (Anm. des Autors: *Working memory capacity* könnte man auf Deutsch etwa mit *Arbeitsspeicher* oder *Arbeitsgedächtnis* übersetzen. Es ist dafür verantwortlich, dass wir mentale Kapazitäten für schwierige Aufgaben zur Verfügung haben). Den Jugendlichen gelang es so schneller und einfacher, schwierige Denkaufgaben zu lösen und komplexe Zusammenhänge zu verstehen.[6]

8. Erholung. Wenn Du eine längere Arbeit verrichtest, die Du auf jeden Fall am selben Tag noch abschließen möchtest, kann es sein, dass Du irgendwann müde wirst. Mache eine zehnminütige Meditation und Du hast wieder neue Energie getankt. Frage mich bitte nicht, warum das so ist. Vielleicht ist an der Theorie mit der Energie aus dem Universum doch etwas dran. Vielleicht ist es, weil unser Gehirn durch bewusste Atmung mit Sauerstoff versorgt wird und Stresshormone abgebaut werden. Egal was es ist, es funktioniert.

Diese Liste der positiven Auswirkungen regelmäßiger Meditation ist übrigens längst nicht vollständig. So gibt es zahlreiche weiterführende Studien, die der Meditation eine positive Auswirkung auf Nervensystem, Zellteilung, Immunsystem und so weiter nachsagen. Es würde allerdings den Rahmen des Buches sprengen, diese Auswirkungen zusätzlich zu besprechen. Falls Du Dich für weiterführende Studien zu dem Thema interessierst, empfehle ich dir, im Internet folgende zwei Worte in die Suchmaschine einzutippen: *Meditation Studien.* Die Suchergebnisse werden Dich verblüffen.

MEDITATIONSTECHNIK

Es gibt keine *einfachen* Aufmerksamkeitsübungen, sodass man die Aufmerksamkeit immer weiter steigern kann. Ein einzelner Moment aus der Reihe der Momente, die ich jeweils als Jetzt wahrnehme, kann eine Sekunde lang sein oder nur eine Zehntelsekunde. Das ist eine Frage der Übung.

Die folgende Technik ist eine Vipassanada-Technik. Diese Meditationstradition führt 2500 Jahre in die Vergangenheit und gründet sich direkt auf Buddha. Sie ist keine reine Aufmerksamkeitstechnik, hat aber ein Element, was Deine Aufmerksamkeit trainieren wird.

ACTION STEP 5

Die Übung heißt *Steigen und Fallen.* Sie wirkt in der Regel sehr entspannend, hat aber schon Elemente der geistigen Schulung der Konzentration, da wir hier nicht mehr *nur* beobachten, sondern auch andere Element mit einbinden.

- Nimm eine Sitzposition ein. Das kann sein: a) Lotussitz, b) Halb-Lotus mit dem rechten Fuß auf dem linken Schenkel, c) Schneidersitz, d) auf einer Meditationsbank oder e) auf einem Stuhl. Auf dem Boden kannst Du ein festeres Kissen benutzen, auf dem Stuhl solltest Du beide Füße fest auf dem Boden haben und mit dem Rücken nicht die Lehne berühren. Wenn Du aus gesundheitlichen Gründen nicht sitzen kannst, kannst Du die Übung auch im Liegen machen.

- In der Sitzposition: Lege Deine Hände in Deinem Schoß zusammen mit den Handflächen nach oben, die rechte Hand auf der Linken. Im Liegen: Lege Deine Hände übereinander auf Deinen Bauch oder an Deine Seiten.

- Du solltest entspannt sein, aber dennoch mit aufrechtem Rücken. Entspanne Deine Schultern, entspanne den ganzen Körper.

- Schließe die Augen.

- Konzentriere Dich auf einen Punkt etwa 3–5 cm oberhalb Deines Bauchnabels. (Nur geistig, nicht hinschauen.)

- Dieser Punkt hebt sich mit jedem Einatmen. Das ist das Steigen. Er senkt sich mit jedem Ausatmen, das ist das Fallen. Diese Bewegung bleibt dieselbe, solange Du lebst.

- Beobachte dieses Steigen und Fallen, während der gesamten Meditation. Du sollst Dir dabei nicht nur während der vielleicht drei Sekunden dauernden Phase des Steigens bewusstwerden, dass gerade das Steigen dran ist, sondern Du sollst Dir jeder Phase von Anfang bis Ende bewusst sein. Beobachten den gesamten Zyklus und sehe ihn als Gesamtheit.

- Beobachte ebenfalls, dass zwischen den Phasen jeweils ein kurzer Moment folgt, in dem weder Steigen noch Fallen dran ist, sondern ein Punkt der Umkehr. Wie bei einem Stein, den Du senkrecht in die Luft wirfst, und er für einen ganz kurzen Moment oben stehen bleibt, bevor er zu fallen beginnt.

- Begrenze Deine Aufmerksamkeit auf das Jetzt. Denke über nichts nach, auch nicht über das Steigen und Fallen. Beobachte es nur, aber denke nicht darüber nach.

- Lass alles los: Deine Sorgen, Deine Ängste, Deine Erinnerungen. Nur das Steigen und Fallen dieses Punktes soll interessieren.

- Als Anfänger kann das schwierig sein. Wenn es Dir schwerfällt, Deine Konzentration auf das Steigen und Fallen dieses Punktes zu richten, kannst Du diese Bewegungen auch durch eine geistige Kennzeichnung (Label) markieren. Das ist ein Hilfsmittel für Anfänger. Wenn Du die Übung öfter machst oder generell trainiert hast, Deine Aufmerksamkeit gezielt zu nutzen, solltest Du die Übung ohne mentale Kennzeichnungen machen. Dies geht folgendermaßen: Während der Punkt steigt, sagst Du (im Geist) „Steigen“, wenn er fällt, sagst Du „Fallen“ – immer im

Wechsel: Steigen, Fallen, Steigen, Fallen ... Achte darauf, das Wort so weit langzuziehen, wie die Bewegung dauert.

- Achte darauf, dass das Wort immer die Bewegung begleitet. Es sollte die Bewegung nicht hinterher benennen. Die Bewegung und das Wort sollten also synchron und nicht zeitversetzt sein.

- Wenn Du merkst, dass Du rausgekommen bist, also etwa die fallende Bewegung mit „Steigen" markierst, gehst Du zurück in den Moment und beginnst einfach wieder mit den richtigen Markierungen.

- Konzentriere Dich auf diesen Punkt. NICHT auf Deine Atmung. Dabei wirst Du eine leichte Veränderung des Druckes im Rhythmus des Atems spüren.

- Konzentriere Dich nicht auf Deinen Körper, sondern auf das Steigen und Fallen an sich.

- Die Länge der Meditation kann zwischen zehn Minuten und einer Stunde liegen.

- Lies die Instruktionen noch einmal. Dieses Buch wird auch danach noch für Dich da sein. Beginne jetzt.

MEDITATION UND DER ALLTAG

SO SCHAFFST DU ES

Ich rate Dir, einen Termin zu einer zehn- bis dreißigminütigen Meditation jeden Tag in einer ruhigen Phase des Tages festzusetzen. Wenn Dein Tagesablauf sehr regelmäßig ist, dann ist es sehr ratsam, der Meditation einen fixen Platz in deinem Tag zu geben. Viele meditieren gleich morgens, damit sie aufgeräumt und wach in den Tag starten. Manche stehen dafür extra früher auf. Ich mache das übrigens auch so. Andere fühlen sich morgens noch müde oder verschlafen. Sie schaffen es einfach nicht, abends früher ins Bett zu kommen und fühlen sich deshalb morgens nicht fit genug für die Meditation. Für diese Menschen könnte abends – etwa vor oder nach dem Abendessen – die ideale Zeit sein. Wenn Du eine Familie hast, dann nimm Deinen Partner und Deine Kinder mit. Meditation hat sich schon in vielen Studien als sehr vorteilhaft für Kinder erwiesen. Fernsehen, Facebook oder Youtube sind sicher sehr unterhaltsam und manchmal auch lehrreich, aber Du wirst es eher als wohltuend empfinden, wenn Du die Zeit dafür jeden Abend um eine halbe Stunde kürzt.

Dennoch ist mir klar, dass trotzdem immer einmal etwas dazwischenkommen kann, etwa unvorhergesehene Besuche, ungeplante Mehrbelastung bei der Arbeit, dringende Erledigungen und so weiter. Es ist wichtig, gerade an solchen Tagen die Meditation nicht völlig auszusetzen. Daher gebe ich Dir an dieser Stelle einen kleinen Geheimtipp.

Er heißt ***Einen-Moment-Meditation.*** Diese Meditation ist aber tatsächlich eine für Fortgeschrittene, deswegen heißt sie für Anfänger *Eine-Minute-Meditation.* Eine Minute ist wie ein Moment mit Henkeln. Mit Griffen, so dass Du ihn besser greifen kannst. Wenn Du die *Eine-Minute-Meditation* oft machst, wirst Du selbst merken, dass es Dir immer schneller und schneller gelingt, in diesen ausgeglichenen, aufmerksamen Zustand zu kommen. Dann wird die *Eine-Minute-Meditation* immer kürzer, bis sie schließlich zur *Einen-Moment-Meditation* wird, die Du dann auch mehrmals täglich bei Bedarf (hohe Stressbelastung) ausführen kannst.

Warum und wie funktioniert es auch mit kurzen Einheiten?

Es kommt am Anfang auf zwei Dinge an:

ERSTENS: Du lernst das Meditieren in den langen Einheiten. Daran führt kein Weg vorbei.

ZWEITENS: Das Langzeitgedächtnis Deines Körpers funktioniert genau wie das Deines Kopfes. Wenn Du etwas immer wieder tust und es damit ins Kurzzeitgedächtnis holst, wirst Du es im Langzeitgedächtnis etablieren. Und das wollen wir und dazu reichen die kurzen Einheiten.

Allerdings erreichen wir in den kurzen Einheiten normalerweise nicht die Tiefe, Sorgfalt und Differenzierung, die wir für die Weiterentwicklung unserer Technik benötigen. Kurze Einheiten sind gut, wenn Du sie sehr sorgfältig machst, alles loslässt und in dieser kurzen Zeit wirklich in die Tiefe Deiner Meditationserfahrung einer langen Technik zurückfindest. Du wirst dadurch also deine Technik und Erkenntnisse nicht ausbauen und verfeinern, aber Du kannst die bereits gewonnene Erfahrung und Tiefe abrufen und in deinen Alltag bringen.

MEDITATIONSTECHNIK: DIE MINI-MEDITATION

Selbst ein einziger Moment, in dem Du Aufmerksamkeit, innere Ruhe, innere Aufgeräumtheit sowie innere Heiterkeit erreichst, ist schon extrem viel wert, weil es gerade in der Anfangsphase nur darum geht, Dir, Deinem Körper und Deinem Bewusstsein immer wieder zu zeigen, dass Du diesen Zustand erreichen kannst, und wie sehr er Dir in Deinem Alltag nutzt.

ACTION STEP 6

- Mache jetzt gleich eine *Eine-Minute-Meditation.*- Löse Dich aus Deinem Alltag (Erkläre den Menschen, die vielleicht gerade da sind, dass Du ganz kurz eine Meditationseinheit machen willst und mal eine Minute nicht ansprechbar bist. Leg den Hörer neben die Gabel oder gehe einfach auf die Toilette.)

- Setz Dich aufrecht hin, Füße auf dem Boden, Hände in einer symmetrischen Position (ineinandergelegt, auf den Knien oder neben dem Körper, wie es sich am besten anfühlt.)

- Schau auf die Uhr, damit Du hinterher ungefähr weißt, wie nahe Du an der Minute dran warst.

- Schließe die Augen.

- Achte auf Deinen Atem.

- Wenn Du lächeln willst, ist das okay.

- Mach das für eine Minute.

DAS WAR´S AUCH SCHON.

Na, wie fühlst Du Dich? Bist Du ein bisschen positiver, ein bisschen erfrischter, ein bisschen wacher? Nicht schlecht für lediglich eine Minute. Je öfter Du es machst, desto besser funktioniert es. Wenn Du nicht sicher bist, wann die Minute vorbei ist, dann kannst Du auch die Atemzüge zählen. Acht bis zwölf Atemzüge macht man normalerweise in einer Minute.

Mache diese Meditation nicht nur als Ersatz für eine ausgefallene lange Einheit, sondern öfter auch mal zwischendurch. Wartezeiten vor Bus- oder Zugfahrten eignen sich besonders gut dafür (Bitte NICHT beim Autofahren, sondern nur, wenn jemand anderer fährt!) Nimm Dir auch einmal zwischendurch eine

Minute bei der Arbeit. Diese Minute wird deine Energie und Produktivität steigern, so dass auch der Chef etwas davon hat, wenn Du entspannt und mit Energie arbeiten kannst.

Übrigens: Die japanische Heilatmung, die ich Dir in Action Step 2 vorstellte, eignet sich auch als Kurzmeditation, wenn Du nur einen Zyklus (neunmal Ausatmen) machst.

WIE DU DURCH MEDITATION AUFMERKSAM, PRÄSENT, VOLLER ENERGIE UND SCHLAGFERTIG WIRST

Die durch Meditation erreichte Achtsamkeit ist für uns ein Werkzeug, unsere Aufmerksamkeit auf das Hier und Jetzt zu lenken – und zwar in einer offenen, gütigen und nicht urteilenden Weise. Es ist eine Möglichkeit, Dinge und Situationen wahrzunehmen und eine Art zu leben, die es uns ermöglicht, mit unserem Leben voll in Einklang zu kommen. Der Unterschied gleicht dem eines Fahrzeuges, das entweder im Autopilot-Modus fährt oder von Dir selbst gesteuert wird.

Der Autopilot richtet sich nach äußeren Kriterien und richtet sich nach Verkehrsregeln, die einfach IRGENDWIE funktionieren. Er hat sich in Dir etabliert, als Du in Deiner vor-meditativen Zeit Deinem inneren Leben eher unbewusst gegenübergestanden bist. Jetzt, mit erhöhtem Bewusstsein, möchtest Du ihn neu programmieren und nimmst das Steuer selbst in die Hand. Du weißt jetzt besser, was Du brauchst, was für Dich richtig ist und was falsch. Das Selbst-Fahren reduziert Stress und führt zu mehr Zufriedenheit. Schließlich merkst Du, dass es Dir viel mehr Spaß macht, selbst zu fahren, und lässt den Autopiloten ausgeschaltet.

Im Alltag merkst Du, dass Du zum Beispiel in einem Gespräch Deinem Gesprächspartner volle Aufmerksamkeit schenkst. Oder Du merkst beim Abspülen, dass Du den Vorgang in voller Aufmerksamkeit im Jetzt-Bewusstsein ausführst, statt mit Deinen Gedanken irgendwo anders hin abzuwandern. All das führt zu mehr Ruhe, Klarheit und Präsenz. Statt von unseren unkontrollierten Gedanken und Emotionen gefahren zu werden, übernehmen wir selbst das Steuer. Wir reagieren nicht mehr automatisch, wir denken nicht mehr im Kreis, wir folgen nicht mehr den alten Angewohnheiten. Stattdessen gewinnen wir Kontrolle und erkennen Wahlmöglichkeiten. Das Training zu dieser Achtsamkeit (Mindfulness) unterscheidet sich nicht von irgendeinem anderen Training, etwa dem in einem Fitnessstudio. Je mehr ich trainiere, desto kompetenter und potenter werde ich. Deine alten Gewohnheiten haben Dich zu einem bestimmten Punkt geführt. Nun möchtest Du einen neuen Weg beschreiten. Kontrolle und Achtsamkeit sind Werkzeuge, die Dir helfen werden, Dir neue, bessere Gewohnheiten anzueignen, damit Dein Leben erfüllender und schöner werden kann.

Du weißt, wie es sich anfühlt, wenn Du an Gelegenheiten denkst, bei denen Du etwas tust, was Du liebst. Du fühlst Dich dann glücklich und ausgefüllt und ganz präsent im Hier und Jetzt. Gleichzeitig ist Dein Geist ganz ruhig und klar. Die Übung der Achtsamkeit durch Meditation kann Dir zu dieser ruhigen und klaren Perspektive in Deinem Alltag – in jedem Moment davon – verhelfen. Man könnte sagen, Meditation hilft Dir, Abstand zwischen Dir selbst und Deinen Gedanken zu gewinnen. Sie erlaubt Dir, Dich, Deine Gedanken und Deine Umgebung genau wahrzunehmen und selbst zu entscheiden, was Du an Dich heranlassen willst. Mit der Zeit wirst Du weniger gestresst , weniger durch willkürliche Reaktionen bestimmt und dafür konzentrierter und selbstbestimmter sein. Viele Menschen ärgern sich unwillkürlich über unfaire und spitze Bemerkungen. Regelmäßige Meditation versetzt Dich in die Lage, eigenständig zu entscheiden, ob Du Dich ärgern willst oder nicht. Die Bemerkung ist ohnehin schon gefallen. Soll man nun dieser Person noch den Gefallen tun und sich darüber ärgern? Ich denke nicht.

Bevor ich Dir später eine Aufmerksamkeitsübung vorstellen werde, könnten wir kurz einmal testen, wie leicht Du Dich zurzeit noch ärgern lässt. Im nächsten Abschnitt werde ich mich nämlich möglicherweise etwas unbeliebt machen. Es geht um Alkohol.

Alkoholkonsum ist tief in unserer Gesellschaft verankert und es scheint schier aussichtslos, sich diesem Phänomen entziehen zu wollen. Dennoch soll nicht ungesagt bleiben, dass nahezu alle wichtigen geistigen Führer und Lehrer der Meditation sich klar gegen Alkoholkonsum ausgesprochen haben. Dazu gehören beispielsweise Osho, der Begründer der Sannyasin-Bewegung, Maharishi Mahesh Yogi, der Begründer der transzendentalen Meditation, der Dalai Lama, ja sogar Buddha selbst. In der 2500 Jahre alten Vipassana-Meditation, deren Ursprung direkt auf Buddha zurückgeführt werden kann, ist Alkohol verboten. Wenn Du Dich dort zu einem Meditationskurs anmeldest und Alkohol trinkst, musst Du den Kurs verlassen. Diese Meditation wird allerdings auch zur Therapie von Alkohol- oder Suchterkrankungen eingesetzt.

Die Gründe für die Ablehnung von Alkohol liegen zum einen in dessen Suchtpotential und zum anderen in einer *Entsensibilisierung*, die durch die Wirkung des Alkohols auf die Psyche erzeugt wird. Diese Entsensibilisierung bewirkt genau das Gegenteil von dem, was wir in der Meditation zu erreichen versuchen.

Damit will ich nicht sagen, dass Du als regelmäßiger Konsument von Alkohol nicht von Meditation profitieren kannst. Viele derjenigen, die als ganz normale Durchschnittsmenschen mit Meditation begonnen haben, haben nach einiger Zeit auch ihre Ernährungs- und Konsumgewohnheiten einer erneuten Prüfung unterzogen. Muss ich dazu sagen, dass die meisten von ihnen jetzt wesentlich gesünder leben und sich generell viel besser fühlen?

Nach meiner Erfahrung liegt ein gut wahrnehmbarer Unterschied in der Fähigkeit, wie Du Deinen Atem als Therapeutikum benutzen kannst. Atmen ist wie eine sanfte Organmassage. Die inneren Häute gleiten leicht aneinander vorbei und tauschen dabei Informationen aus und lassen Energie fließen. Es ist schön, wenn man das spürt. Das nennen wir *Körper-Bewusstsein*.

Wenn Du regelmäßig Alkohol konsumierst, rate ich Dir zu folgenden Versuch: Trinke 30 Tage lang keinerlei Alkohol. Dann mache die Atemübung in Action Step 2 und achte darauf, wie Du durch das Ausatmen befreit wirst. Diese Erfahrung wird für sich selbst sprechen. Diese Übung gilt übrigens auch für das Rauchen.

Wenn Du glaubst, dass es Dir schwerfallen wird, 30 Tage lang auf Alkohol zu verzichten, kannst Du während der Übung auch visualisieren, dass Du mit jedem Ausatmen Deinen Wunsch, Alkohol zu trinken, ausatmest. Für regelmäßige Trinker ist Hunger nach Alkoholkonsum während einer solchen Phase normal, weil es zu einem Leberumbau kommt. Alkohol ist sehr kalorienreich (allerdings nicht sehr gesund, weil manche seiner Abbauprodukte toxisch sind). Leberbereiche, die sich auf Alkoholkonsum eingestellt haben, verursachen dann einfach *Hunger*, wenn sie keinen Alkohol kriegen. Das muss man dann leider aushalten. Gelingt es Dir, Deinen Atem als Therapiewerkzeug zu nutzen, hat sich das Leiden sicher gelohnt.

Im nächsten Selbstversuch verzichtest Du dann ein Jahr auf Alkohol und spürst, wie Dein gesamter Körper empfindsamer und gegenwärtiger wird. Das wird allerdings nicht ohne eine vorherige Entgiftungsphase gehen, während der Du Dich möglicherweise auch nicht so gutfühlen wirst. Wenn Du es nicht schaffst, 30 Tage ganz auf Alkohol zu verzichten, oder es nicht willst, ist das ein eindeutiges Zeichen.

So, haben Dich diese Ausführungen über Alkohol geärgert, weil Du glaubst, dass sie überflüssig sind? Alkohol in Maßen ist sogar gut, wissenschaftlich nachgewiesen? Blöder Thomas? Blödes Buch?

Sei wieder lieb! Tut mir leid. Das war nur ein Test für Dich. Ich biete Dir dafür ein kleines Zuckerl. Hier kommt eine kleine Extraübung für Dich:

- Lokalisiere, wo sich dieses Gefühl des Genervt-Seins in Dir befindet. Wo ist es? Im Bauch? Im Brustkorb? Spüre genau, *wo Du Dich ärgerst.*

- Entspanne diesen Teil des Körpers aktiv und lasse das Gefühl gehen. Das sanfte innere Wirken Deines Atems wird es nach und nach komplett wegmassieren.- Wenn es sich woanders hinbegibt, folge ihm und mache da das Gleiche.

- Sobald es weg ist, spüre in Dich rein, ob es noch irgendwo anders sitzt. Wenn ja, machst Du da das Gleiche.

- Wenn es nach zehn Minuten noch nicht ganz weg ist, dann lass es bleiben. Derart bearbeitet, wird es nicht mehr viel Schaden anrichten können und es wird demnächst von selbst verschwinden. Der wichtige Schritt ist das Bewusstmachen. Etwas wegzukriegen etwas etwas Übung. Alleine die Lokalisierung hat eine große Wirkung, denn unbewusste Gefühle sind in der Regel viel schädlicher als bewusste.

Fazit: Es ist möglich, zu spüren, dass Gedanken Gefühle hervorrufen, die sich im Körper etablieren. Gefühle, die durch negative Gedanken hervorgerufen werden, können zu Stress, Unwohlsein oder gar Krankheiten führen, wenn sie im Unterbewusstsein bleiben. Wir lernen, unsere Aufmerksamkeit auf

Körpergefühle zu lenken und diese als Körpergefühl aufzulösen. Dadurch gewinnen wir Energie, Wohlbefinden und Gesundheit. Je öfter Du das bei negativen Gefühlen trainierst, umso besser.

Mit etwas Übung wirst Du das bald so schnell schaffen, dass auch Deine Reaktion auf konkrete Ereignisse besser wird. Du fühlst Dich nur kurze Zeit angegriffen, nur kurz als Opfer, nur kurz genervt. Du verarbeitest deine Probleme schnell und effizient und kannst dann in der Situation *darüberstehen.* Du streitest Dich nicht, greifst nicht an, versuchst nicht *zurückzuschlagen*, sondern zeigst Gelassenheit, Verständnis und Souveränität. Das wird sicher auch Deinen Freunden und Kollegen auffallen. Es macht selbst Streithähnen keinen Spaß, jemanden zu verletzen, der sich einfach nicht verletzen lässt. Sie werden damit aufhören, sobald Du beweist, dass Du *darüberstehst.* Was mich immer wieder verblüfft hat, ist die unglaubliche Geschwindigkeit, mit der man seine Gefühle lokalisieren und verarbeiten kann. Als ich mit der Meditation begonnen habe, war es so, als würde ich mit dem Auto vom Ortsgebiet auf die Autobahn wechseln.

MEDITATIONSTECHNIK: DIE AUFMERKSAMKEITSÜBUNGEN

Unsere Gefühle werden durch sogenannte Wahrnehmungsfilter bestimmt. Durch sie bestimmt unser Gehirn, welche der zahlreichen Sinneseindrücke, die unsere Sinne ständig aufnehmen, für uns wichtig genug sind, um in das Bewusstsein durchgelassen zu werden. Ich möchte Dir das an einem Beispiel verdeutlichen: Du fährst auf der Autobahn und hörst dabei dem Moderator im Radio zu. Das Thema interessiert Dich. Auf einmal siehst Du, wie ein langsames Auto vor Dir auf die linke Spur ausschert. Der Fahrer vor Dir bremst stark ab. Du bremst auch stark ab und schaust in den Rückspiegel, ob Dir jemand von hinten auffährt oder nicht. Gott sei Dank ist nichts passiert. Schließlich fahren alle hinter dem Langsamfahrer her und hoffen, dass er bald wieder nach rechts fährt. In dem Moment hörst den Moderator wieder und Dir wird bewusst, dass Dir ein Riesenstück fehlt, weil Du alles, was der Moderator zwischendurch gesagt hatte, nicht mitbekommen hast. Irgendetwas hatte den Moderator ausgeschaltet, solange die Situation vor Dir Deine Aufmerksamkeit erforderte. Wer war das? Das Radio lief doch die ganze Zeit mit unverminderter Lautstärke weiter. Die Ohren zuzumachen geht ja bekanntlich auch nicht.

Die Antwort lautet: Es ist Dein Gehirn, das das Radio ausschaltete. Über unsere Sinne nehmen wir zu jeder Zeit eine riesige Menge an Sinneswahrnehmungen auf. Davon wird nur ein ganz kleiner Teil ins Bewusstsein gelassen, den unser Gehirn als wesentlich erachtet. Unsere Gedanken, unsere Weltsicht, unsere Prioritäten, unsere Erfahrungen spielen eine Rolle bei der Auswahl.

Ein anderes einfaches Beispiel: Stell Dir vor, ein Briefträger, ein Dachdecker und ein Polizist fahren im selben Auto durch dieselbe Straße. Was wird jeder sehen? Der Briefträger sieht Briefkästen und Schilder mit der Aufschrift „Vorsicht bissiger Hund", Gartentüren und deren Schließmechanismen und ob es sich um Ein- oder Mehrfamilienhäuser handelt und so weiter. Du kannst Dir sicher schon vorstellen, was der Polizist und der Dachdecker sehen werden. Also drei Leute, dasselbe Auto, dieselbe Straße zur selben Zeit und doch drei komplett andere Wahrnehmungen. Das was wir tun, verändert den Ausschnitt der Welt, welchen wir wahrnehmen. Auf diese Weise entstehen sich selbst unterhaltene Systeme von Wahrnehmungen, Beurteilungen, Entscheidungen und Weltbildern, die normalerweise die Einstellung der individuellen Wahrnehmungsfilter immer weiter verfestigten und verstärken. Das ist ein wichtiger Aspekt des Autopiloten.

Aufmerksamkeitsübungen fordern Dich heraus, möglichst ALLES, was gerade JETZT passiert, wahrzunehmen. Dadurch werden die Wahrnehmungsfilter letztlich für kurze Zeit unwirksam. Du erkennst, dass der Autopilot unzureichend programmiert ist und übernimmst selbst das Steuer. Man könnte mit Fug und Recht auch von einer **Bewusstseinserweiterung** sprechen.

Was bringt das, wenn Wahrnehmungsfilter kurz ausgeschaltet werden? Warum geht es Dir dadurch besser? Auf Deinem Weg zu einem neuen Weltbild, in dem Du selbst eine gewichtigere Rolle spielst, in dem Du glücklicher, gesunder und gelassener bist, musst Du die alten Wahrnehmungsfilter teilweise *zerstören*. Es kann sein, dass Du dann neue aufbaust, die Deinem neuen Weltbild angepasst sind. Meine Prognose aber ist, dass Du mit weit weniger Autopilot auskommen wirst als bisher. Stell es Dir so vor: In einem riesen Bus, unhandlich und schwer zu manövrieren, lässt Du Dich gerne fahren. Der schwere Bus ist eine Analogie für Dich, mit all dem Ballast an Stress und überflüssigen negativen Gedanken und Gefühlen. In einem schönen kleinen Off-Road-Flitzer (Du nach Deiner Schulung – fast nur noch Hier-und-Jetzt-Bewusstsein) fährst Du vielleicht lieber selbst. Wenn Du aufs Gas trittst, spürst Du die Beschleunigung und es macht richtig Spaß das, schöne Gefährt in die Kurven zu lenken.

ACTION STEP 7

AUFMERKSAMKEITSÜBUNG

In dieser Übung geht es um den Versuch, ALLES wahrzunehmen, was von außen durch Deine Sinne auf Dich einwirkt und ALLES, was in Dir selbst geschieht. Du wirst schnell feststellen, dass das unmöglich ist. Aber Du wirst nach und nach immer besser darin werden, mehr und mehr Dinge gleichzeitig wahrzunehmen. Diese Übung eignet sich auch als *Eine-Moment-Meditation.* Sie dient dem aktiven Abbau von Wahrnehmungsfiltern, den Du brauchst, um Dich neu zu orientieren.

– Nimm Deine Meditationshaltung ein und schließe die Augen.

– Konzentriere Dich auf Geräusche. Ein Beispiel, was ich gerade alles höre: Ich höre einen Vogel singen, Automotorengeräusche, in der Ferne scheint eine Kreissäge zu laufen, die Lüftung des Computers brummt, ein Knacken im Fenster, das tiefe Geräusch eines Lkw-Motors in der Ferne, ein Rauschen des Verkehrs im Hintergrund, auch ein Düsenflugzeug scheint in der Luft zu sein, die Uhr tickt, mein Atem macht leise Geräusche in der Nase, der Puls pocht ganz leise in meinen Ohren, auch ist da ein leises Quietschen in den Ohren, ein Hahn kräht, ein anderer Vogel piepst, etwas knackt in meiner Nase, die Festplatte des Computers tackert, jetzt erst merke ich, dass in der Ferne ein Uhu zu schreien scheint, oder sind es Tauben? Plötzlich höre ich ein tiefes Brummen, was schon die ganze Zeit da zu sein scheint, vielleicht ein Propellerflugzeug in der Ferne oder eine Waschmaschine? Und so weiter. Es ist schier unglaublich, wie viele Geräusche ständig da waren, die ich vorher nicht wahrgenommen habe.

- Es kommt nicht darauf an, dass Du weißt, wodurch ein Geräusch erzeugt wird, sondern darauf, dass Du versuchst, ausnahmslos ALLE Geräusche bewusst wahrzunehmen. Dabei gibt es zwei Effekte:

1. Je genauer Du hinhörst, desto mehr Geräusche wirst Du *neu* entdecken, obwohl sie wahrscheinlich schon eine ganze Weile da waren. Du kannst also erleben, wie Du Deinen Wahrnehmungsfilter nach und nach abschaltest.

2. Jedes Geräusch, das den Eintritt in Dein Bewusstsein schafft, schaltet die Aufmerksamkeit für einen kurzen Moment aus, als wäre Dein Ohr kurz *geblendet*. Das fällt besonders bei lauteren Geräuschen auf. In dieser kurzen Phase entsteht die Gefahr, dass Du Geräusche, die auftreten, überhörst. Versuche trotzdem, JEDES Geräusch, das Deine Ohren erreicht, bewusst zu hören.

- Wenn Du ein Dauergeräusch hörst (etwa Heizung, Motor oder Ähnliches), dann behalte es im Bewusstsein, wenn es ein Einzelgeräusch ist. Lass dies so schnell wie möglich geschehen und wieder gehen, damit Du offen für weitere Geräusche bist.

- Versuche, die Aufgabe so konzentriert wie nur möglich zu erfüllen. Ich glaube, Du wirst am Anfang mindestens zehn Minuten brauchen, bis Du wirklich ALLES gleichzeitig wahrnimmst. Das schaffst Du nur, indem Du alles, was auf Dich einwirkt, sofort wieder loslässt.

Das war's für den Anfang. Später kommen andere Sinne hinzu: Du beobachtest Gefühle, etwa außen auf der Haut, Luft, Temperatur, Druck. Dann gehst Du auch in Deinen Körper hinein und spürst, was sich da abspielt. Schließlich konzentrierst Du Dich auf optische Eindrücke, sowie auf Gerüche, Geschmäcker, dann auch Gedanken und Gefühle.

Das Endziel ist es, ALLES, was in jeder Hundertstelsekunde wahrnehmbar ist, auch wahrzunehmen.

In einem Buch las ich einmal, dass Du in dem Moment, in dem Du das schaffst, eine perfekte, lebendige, runde Kugel, wie Deine Mutter, die Erde bist. Wenn Du es ernsthaft versuchst, wirst Du wissen, wie Adrenalin auf den entspannten Geist wirkt. Die Ergebnisse dieser Meditation können wirklich umwerfend sein. Dies ist übrigens eine Übung, die dein Gehirn extrem auf Schnelligkeit und Schärfe trainiert. Die Konzentrationsfähigkeit und Agilität können so enorm gesteigert werden. Wichtig ist allerdings, hier Schritt für Schritt vorzugehen. Meistere erst einmal die Geräusche und erst dann bindest Du die nächsten Sinneseindrücke nach und nach ein.

GEWOHNHEITEN UND DENKMUSTER

WIE WIR DEN DENKMUSKEL STÄRKEN

Denkmuster können normalerweise durch Informationen verändert werden. Jemand, der es für sich ausschließt, im Lotussitz in seiner Wohnung zu sitzen und *Ooohm* zu singen, wird Dir wahrscheinlich erzählen, dass Meditieren Quatsch sei. Er kann dieses Vorurteil überwinden, wenn er dieses Buch liest. Er wird es aber nicht lesen, weil er es schon wegen des Titels gar nicht erst in die Hand nehmen wird. Willst Du ihm erklären, was Meditation wirklich ist und bewirken kann, so kann es sein, dass er glaubt, Du suchst Streit. Möglicherweise nimmt er automatisch eine Kontraposition ein. Auf diese oder eine andere Weise *verteidigen* die meisten Menschen ihre Unwissenheit (oder besser vielleicht: Ihr *selektives Wissen*) mit Händen und Füßen, um ihre gewohnte Weltsicht, ihre Denkmuster nicht infrage stellen zu müssen. So verhält sich ein Mensch, der vergangene Handlungen und Entscheidungen im Nachhinein rechtfertigen möchte. Es ist inzwischen nachgewiesen, dass nichts eine größere Wirkung auf Deine Überzeugungen hat, als das, was Du tust.

Eine meiner Freundinnen hatte regelmäßig Krach mit ihrer Tochter. Sie konnte gar nicht glauben, wie dogmatisch und intolerant sie geworden war, seit sie Veganerin geworden war. Die Frau stritt sich fast unentwegt mit ihrer Tochter und versuchte sie zur Vernunft zu bringen. Ich riet ihr zur Meditation. Nachdem sie sich anfänglich straubte (ich solle das besser mal ihrer Tochter empfehlen), ließ sie sich schließlich doch überreden. Als ihre Tochter eines Sonntags ihren Besuch ankündigte, riet ich ihr, vor dem Besuch ausgiebig zu meditieren.

An dem Tag versöhnte sie sich mit ihrer Tochter. Du wirst es aber kaum für möglich halten, wie das gelang. Ihre Tochter weigerte sich nämlich, das extra für sie gekochte Essen – vegetarische Frikadellen mit Kartoffeln und einem großen grünen Salat – zu essen und wurde wieder aggressiv. Normalerweise hätte meine Freundin (sie ist eher temperamentvoll) gleich kräftig kontra gegeben. Sie war natürlich empört darüber, dass ihr leckeres Essen immer noch nicht gut genug für ihre *gehirngewaschene* Tochter war. Stattdessen erinnerte sie sich an meinen Rat, sich gerade bei Stress kurz zu einer Eine-Minute-Meditation zurückzuziehen. Sie unterdrückte ihre kurze Wut und ging auf die Toilette. Dort unterdrückte sie ihre Tränen, machte die Meditation, in der sie die stärksten Gefühle der Enttäuschung stark abmildern konnte. Als sie zurückkam, setzte sie sich einfach aufs Sofa und sagte gar nichts. Ihre Tochter nutzte ihre Chance und erzählte ihr, dass Nutztiere genauso liebe, individuelle Wesen seien wie Haustiere und erklärte ihr alle möglichen Gründe, warum sie Tieren kein Leid zufügen wolle und was in der Industrie ihrer Meinung nach oft alles falsch laufe. Meine Freundin fragte an manchen Stellen ganz sachlich nach. Am Ende lagen sich die beiden in den Armen und baten gegenseitig um Verzeihung.

Meine Freundin hatte vieles über diese Thematik nicht gewusst oder einfach nicht bedacht. Ihren leckeren Salat zu verschmähen, nur weil da Sauerrahm drin war, hatte sie für eine vegane *Sektenregel* gehalten. Ihre Tochter war einfach nur entsetzt gewesen, als sie das alles erfahren hatte und weigerte sich seitdem konsequent, daran auch nur irgendwie teilzuhaben. Es war ihre eigene Entscheidung gewesen und kein *Sekteneinfluss*.

Das ist ein ganz einfaches Beispiel, wie innere Offenheit und innerer Abstand zu ihren eigenen Gefühlen es ermöglicht haben, Informationen wahrzunehmen, die ihrem bisherigen Weltbild widersprachen. Genau so verhält es sich mit sehr vielen Zusammenhängen. Ein festes Weltbild – mit all seinen Vorurteilen – gibt innere Sicherheit, die durch Überzeugungen gestützt wird. Diese Überzeugungen werden durch selektive Wahrnehmung weiter verfestigt.

Du hast sicher schon öfters wahrgenommen, dass Dein Salat viel besser schmeckt, wenn Du ihn mit einem guten Batzen Sauerrahm verfeinerst. Insofern verstärkt Deine Wahrnehmung Deine Abwehr gegen eine Ernährungsweise, bei der Milchprodukte *verboten* sind. Erst wenn Du es schaffst, den veganen Salat Deiner Tochter VORURTEILSFREI und ERGEBNISOFFEN zu probieren, hast Du einen Wahrnehmungsfilter abgebaut. Dies kann Dir eine neue Perspektive eröffnen. Die endgültige Entscheidung über deine neuen Einsichten bleibt ja nach wie vor bei Dir. Entscheidungsfreiheit bedeutet in diesem Fall: Zuwachs an Souveränität.

Solange Du Dich insgeheim überfordert fühlst, brauchst Du ein *Korsett*, ein Haltegerüst und wirst es verteidigen. Das heißt in diesem Fall, Du musst Deine Tochter für verrückt oder *sektengeschädigt* erklären, um Dein Glaubenssystem, welches Dir diese Sicherheit gibt, aufrechtzuerhalten. Erst diese andere, neue, innere Souveränität ermöglicht es Dir, hier und jetzt eine Wahrnehmung Deiner eigenen Gefühle und damit eine Distanzierung von diesen Gefühlen. Es entsteht eine innere Balance, eine eigene innere Sicherheit und Aufmerksamkeit. Wenn wir es damit schaffen, Geschehnisse erst einmal urteilsfrei zur Kenntnis zu nehmen, dann können wir Wahrnehmungen bewusstwerden lassen, obwohl sie das Korsett zerstören, weil wir eben schon gespürt haben, dass wir dieses Korsett nicht mehr brauchen. Wir brauchen keine Korsetts mehr und keine Haltegerüste, wir können im Moment eigenständig stehen. Das bedeutet dann vor allem auch, dass wir Menschen mit einem konträren Weltbild zuhören können, ohne uns zu ärgern oder auch ohne den automatischen inneren Monolog mit der Gegenargumentation in Gang zu setzen.

Der Abbau von Wahrnehmungsfiltern gibt uns die Freiheit, unsere Denkmuster, unsere Glaubenssätze, unser Weltbild, unsere Prioritäten, unsere Wahrnehmungen selbst, und damit letztlich unsere Handlungsmuster, neu zu gestalten. Idealerweise werden wir etwas schaffen, das uns viel mehr Freiheit und viel mehr Wahlmöglichkeiten gibt. Dies geschieht, weil wir die Geistesgegenwart und innere Freiheit (beispielsweise im Zusammenhang mit Themen, die bestimmte Gefühle auslösen) entwickelt haben.

Lass Dir nicht erzählen, Freiheit wäre so etwas Erstrebenswertes und Tolles. Das gilt nur für Menschen, die die (innere) Fähigkeit haben, Freiheit überhaupt auszuhalten. Wünschenswert wäre es, wenn alle Menschen so geschult wären, dass sie in Freiheit leben könnten. Es ist ganz sinnvoll und nötig für den Ungeschulten, feste Denk- und Reaktionsmuster zu entwickeln. Berechenbarkeit ist für diese Person auch Sicherheit. Der Autopilot funktioniert und bietet Sicherheit.

Ich möchte an dieser Stelle nun zwei Dinge festhalten:

Erstens: Ich bin kein Guru. Das sagte ich ja bereits. Deshalb ist es mir wichtig, zu erwähnen, dass auch ich meinen Autopiloten immer wieder einschalte, wenn ich es für sinnvoll erachte. Ich bin also nicht *erleuchtet*, spreche von keinem Podest herunter und von Altersweisheit kann ich in meinem Alter auch noch nicht reden. Ich kann also Freiheit auch nur zu einem gewissen Grad aushalten. Je mehr ich mich in Meditation schule, desto eher schaffe ich es, bewusste und freie Entscheidungen treffen zu können.

Dies führt mich gleich zu Punkt 2: Eventuell warst Du gerade verärgert, als Du meine Ausführungen über vegane Ernährung gelesen hast. Ich habe dieses Beispiel ganz bewusst gewählt, weil es möglicherweise eine Reaktion in Dir auslöst. Erinnere Dich noch einmal an unser Beispiel mit dem Alkoholverzicht. Ich habe dieses Beispiel nicht genommen, um deine Ernährungsgewohnheiten zu verändern, sondern um eine Reaktion in Dir hervorzurufen. Für den Fall, dass Dich mein Beispiel mit dem Alkohol kaltgelassen hat, habe ich hier einen zweiten Versuch ohne Vorwarnung gestartet. Falls Du Dich also geärgert haben solltest, gehe zurück zur Übung aus dem letzten Kapitel und lokalisiere deinen Ärger. Falls Du Dich ärgern musstest, ist das ebenfalls ein Zeichen dafür, dass Du etwas in Dir rechtfertigst, worüber Du Dir noch nicht so ganz sicher bist. Das ist eine gute Erkenntnis.

Nun, ich kann Dich beruhigen: Ich werde Dich nicht in Unsicherheit führen, denn ein trainierter Denkmuskel bietet Dir auch Sicherheit und geistige Freiheit IST etwas sehr Schönes, wenn man damit umgehen kann. Wir sind mehr als Bioroboter. Jeder von uns hat einen individuellen Lebenssinn und es kann eine äußerst herausfordernde Aufgabe sein, diesen erst einmal herauszufinden. Irgendwann ist jede Person gefordert, eingefahrene Straßen zu verlassen, und dann ist diese Person, wenn es einmal sein muss, mit Geistesgegenwart, Wahlmöglichkeiten, innerer Ruhe und Aufgeräumtheit, begründetem Selbstvertrauen und mit ergebnisoffenen, klaren, schnellen Denkprozessen ganz bestimmt auch ganz sicher *off-road* unterwegs.

SICH SELBST IM HIER UND JETZT ANNEHMEN UND SICH WOHLFÜHLEN (AUCH IM JOB)

Wir klagen gerne, meist auf hohem Niveau, aber die ist ein allgemeines gesellschaftliches Phänomen. Die Gefahr – und die halte ich für sehr real – besteht darin, dass wir hinterher wirklich selbst glauben, dass alles so schlecht ist. Ich glaube, ich muss nicht erwähnen, dass das ein Auslöser für Stress sein kann.

Wenn Du es während einer Meditation schaffst, Dich ganz ins Hier und Jetzt zu versetzen, dann merkst Du plötzlich, dass Du gar nichts brauchst. Du hast keinen Hunger mehr, keine Wünsche, alles ist gut. Du fühlst Dich perfekt und damit fühlst Du Dich, wie Du wirklich bist.

Durch die Selbstbeobachtung lernen wir, uns selbst besser zu verstehen und auch selbst zu lieben. Wir sind oft viel zu streng mit uns selbst. Dabei sind die meisten von uns sehr liebenswerte Menschen. Je mehr Du die Fähigkeit entwickelst, Dich selbst im Alltag wie von außen zu beobachten, desto eher wirst Du Dich als ganz normalen Menschen mit Stärken und Schwächen erkennen. Du wirst sehen, wie Du Situationen zu bewältigen versuchst und welchen Erfolg Du damit hast. Du wirst kleine Schwächen und auch viel Liebenswertes entdecken. Du wirst lernen, sanft und gütig zu Dir selbst zu sein – wie eine Mutter oder ein Vater zu ihrem Kind. Du wirst Dich auch selbst annehmen und lieben lernen. Die folgende Übung soll Dir helfen, genau dieses Gefühl zu entdecken.

ACTION STEP 8

Wie fühlt es sich an, sich gut zu fühlen? Könnte es nicht interessant sein, das mal wirklich gründlich zu erforschen?

- Lege Dir etwas zum Schreiben zurecht, zum Beispiel einen Notizblock und einen Kuli.

- Lächle kurz und atme einmal tief durch.

- Mache eine 10- bis 20-minütige Meditation.

- Beobachte Dich nach der Meditation: Wie fühlt es sich an, sich gut zu fühlen? Nenne mindestens fünf Dinge, die Dir auffallen. Beispiele: Der Atem ist leicht, ich spüre ein leichtes Lächeln im Gesicht, ich fühle mich leicht.

- Schreibe Dir diese Gefühle auf. Stichworte reichen.

- Wenn Du Schwierigkeiten hast, fünf Punkte zusammenzukriegen, dann spüre in Dich hinein. Überprüfe Körpergefühle, Emotionen, Wünsche, Stimmung, Geduld, Gefühle auf der Haut, innere Ruhe usw.

- Lege Dir diese Liste irgendwo hin, wo Du sie später wiederfinden wirst und versuche, die Gefühle wieder zu entdecken. Achte regelmäßig darauf, diese Gefühle auch im Alltag – zeitlich ganz weit weg von Deiner Meditation – zu entdecken.

Meditation ist keine Tätigkeit, sondern ein Zustand. In diesem Zustand wirst Du Dich dauerhaft gutfühlen. Meditation hat übrigens einen weiteren Effekt: Positive Wörter werden mit positiven Gefühlen verknüpft. Man spricht hier von einem geistigen *Anker*. Möchtest Du im Alltag diese positiven Gefühle abrufen, so wird Dir alleine der Gedanke an die von Dir aufgelisteten Wörter helfen, diese Gefühle erneut spüren zu können. Dies ist übrigens auch sinnvoll, wenn man sich positive Affirmationen zunutze machen möchte. Dabei ist es nämlich wichtig, dass Wörter und Gefühle kongruent sind. Mit dieser Übung schaffst Du es, deine Gefühle, Gedanken und die dazugehörigen Wörter in eine Linie zu bringen und dauerhaft zu festigen.

LOSLASSEN UND ENTSPANNEN

SO FUNKTIONIERT ES GANZ EINFACH

Höchste Geistesgegenwart, Wachheit, Gedankenschnelligkeit, Achtsamkeit: All das hört sich für den ungeschulten Leser nicht nach Entspannung an, sondern eher nach dem Gegenteil, nämlich Anspannung oder Stress. Es ist aber tatsächlich nicht so, sondern tiefe Entspannung geht perfekt mit Achtsamkeit und Gegenwart im Augenblick einher. Warum ist das so?

Wir reden bei Achtsamkeit eben nicht von körperlichem Stress, also etwas, das etwa durch lebensbedrohliche oder beängstigende Ereignisse ausgelöst wird, was in der Wissenschaft Angriffs- oder Fluchttrieb genannt wird. Es geht ja nicht darum, den Körper anzuspannen, um einen Sprung oder Kampf vorzubereiten. Der Körper kann sehr gut zwischen einer körperlichen und einer geistigen Höchstleistung unterscheiden. Genauso gut (vielleicht sogar besser), als Dein Kopf- oder Herzbewusstsein es kann.

Grundlegend ist zu sagen, dass das Herz- oder Körperbewusstsein überhaupt nicht dümmer ist als Dein Kopfbewusstsein. Die Tatsache, dass meines Wissens Intelligenztests lediglich die kognitiven Fähigkeiten des Gehirnes messen und es für Herz- oder Körperintelligenz noch keine Tests gibt, ist eher ein Zeichen dafür, dass die Wissenschaft einen zu hohen Anspruch stellt, alles Wissen, was man haben kann, mit irgendwelchen Parametern messen zu müssen. Eventuell ist es sogar ein Zeichen dafür, dass die jetzige Wissenschaft zu kurz denkt. Wer weiß das schon. Das hat ja übrigens schon Goethe gesagt. In letzter Zeit scheint es ein Umdenken zu geben. Man liest immer häufiger von Herzintelligenz oder emotionaler Intelligenz. Auch in Büchern über Unternehmertum findet man immer wieder Kapitel, die sich um dieses Thema drehen.

Warum greifen also auch immer wieder Bücher über (materiellen) Erfolg dieses Thema auf? Der entspannte Körper lässt Energieströme leicht durch, er spürt Gefühle, die Früchte der Gedanken. Gedanken rufen meist Gefühle hervor. Negative Gedanken, gespeist von Hoffnungslosigkeit, Angst, Trauer, Überforderung, Begehren, Unzufriedenheit, Verwirrung, Pessimismus, Ärger,

Wut, Misstrauen, verursachen negative Gefühle im Körper. Sie sind regelrechte Energievernichter. Diese Gefühle versucht das ungeschulte Bewusstsein dann wieder mit Gedanken zu erklären, die natürlich auch wieder negativ sind. Sie sollen ja negative Gefühle erklären. Diese Wechselwirkung funktioniert (leider) perfekt, wenn sie nicht bewusst unterbrochen wird.

Positive Gedanken erzeugen positive Gefühle, nämlich Neugierde, Freude, Zufriedenheit, Begeisterung, Selbstvertrauen, Optimismus, Klarheit, Liebe, Zuversicht, Vertrauen. Diese Gefühle führen wieder zu positiven Gedanken.

Wenn wir meditieren, sind wir nicht unbedingt auf positive Gedanken oder Gefühle aus, auch nicht auf negative. Ich glaube sogar, derjenige, der mit dem Ziel meditiert, nun ganz tolle positive Gedanken und Gefühle zu erleben, erreicht vielleicht weniger als der, der einfach nur das innere Auge öffnen will, um zu sehen, was eigentlich IST.

Das ist dieser vorurteilsfreie, ergebnisoffene, etwas distanzierte Beobachter, den wir in uns finden. Diese ergebnisoffene Neugier, diese ziellose Achtsamkeit ist für mich auch schon die ideale Entspannung, weil kein Zweck verfolgt wird, außer nur da zu sein, im Hier und Jetzt, und wahrzunehmen, was hier und jetzt alles geschieht. Was kann es Entspannteres geben?

Es existieren individuelle *Missverständnisse*, die wir als *Denkmuster* bezeichnen. Es gibt Menschen, die auf Stress immer mit körperlicher Anspannung antworten, weil sie es eben nie anders gelernt haben. Die Körper-Geist-Einheit löst diese Reaktion oft ganz unterbewusst aus. Bei mir war es lange so. Ich habe im Schlaf so stark mit den Zähnen geknirscht, dass ich oft bis Mittag Schmerztabletten brauchte, weil meine Verspannung im Kiefer starke Kopfschmerzen auslöste. Das habe ich durch Meditation abstellen können.

Es gibt auch Schulungen – etwa asiatische Kampftechniken wie Kung Fu, Taekwondo, Tai Chi und ähnliche –, die mit der Körperbeherrschung beginnen, aber nie eine meditative Geistesschulung, die parallel dazu läuft, vernachlässigen.

Durch Meditation setzen wir beim Geist an und beobachten die Wirkungen auf den Körper bei therapeutischen Erfolgen oder Alltagsarbeiten. Durch

Methoden wie Qi Gong oder Yoga können wir auch die Körperbeherrschung aktiv fördern.

Beide Wege sind möglich, weil Körper und Geist als Einheit funktionieren. Es ist egal, wo man ansetzt, aber eine Schulung ist auf jeden Fall für die meisten Menschen von großem Vorteil, weil sich ungeschulte Menschen zu oft ziellos, panisch und ineffektiv in einer (imaginären) Falle wähnen – wie ein in die Enge getriebenes Tier. In den meisten Fällen trifft das glücklicherweise nur in übertragenem Sinne zu und es ist der Geist, der – von unkontrollierten Gefühlen und Gedanken getrieben – ziellos umherirrt und sich (Bewusstsein ausschalten geht nicht!) dabei überhaupt nicht wohlfühlt.

Selbstbeobachtung unserer Gedanken und Gefühle erfordert eine innere Distanz zu uns selbst, die wir nur erreichen können, wenn wir bereit sind, Gefühle aktiv loszulassen. Es ist, als habe sich dieser Mensch an Gefühle und Gedanken *angeklebt,* bis zu dem Maß, dass er sich sogar selbst für seine Gefühle und Gedanken hält. Intensive Gefühle wie Hass, Rache, Süchte, Gier, Verlangen, Ängste oder auch klammernde, unselbstständige *Liebe* (Eifersucht) sind schwer loszulassen und es kann eine echte Herausforderung sein.

Beim Meditieren lernen wir, dass wir nicht unsere Gefühle und Gedanken sind, sondern dass wir uns im Mittelpunkt einer Körper-Geist-Einheit befinden und offenbar deren Erfahrungen beobachten. Wir HABEN Gefühle, aber wir sind nicht unsere Gefühle. Hier fallen wir auch durch unseren inneren Monolog gerne in eine Falle. So ist es der übliche Sprachgebrauch, dass wir uns selbst sagen, dass wir eben schlecht drauf, oder eventuell sogar depressiv sind. Diese Formulierung *klebt* uns regelrecht an unsere Gefühle, bis wir eine Art verschwommenes Bild bekommen, dass wir schon fast *die Depression* sind. Dabei sind wir so viel mehr als unsere Gefühle an sich. Die Wahrheit ist diese: Wir HABEN in diesem Moment ein schlechtes Gefühl oder eine schlechte Stimmung, aber wir SIND NICHT unsere Stimmung. Eine Geistesschulung, wie sie durch regelmäßige Meditation erzielt wird, hebt den Menschen auf eine neue Stufe, auf der er selbstbestimmt wird und die Grundlagen für *Vernunft* kennenlernt.

Dabei sollte das nicht mit einem Lernen verwechselt werden, wie wir es aus der Schule kennen. Es geht nicht darum, irgendetwas theoretisch zu lernen und dann praktisch umzusetzen. Auch in diesem Buch versuche ich, Dir alles, was ich glaube, verstanden zu haben, zu erklären. Aber das ist nur eine Art Begleitmusik. Das eigentliche Lernen, was ich meine, geschieht durch Meditation an sich. *Lernen* heißt hier, dass sich Entwicklungen, Erfahrungen und Wissen automatisch einstellen, wenn man regelmäßig meditiert.

MEDITATIONSTECHNIK ZUR ENTSPANNUNG

Auch Entspannen kann gelernt werden und zwar durch ganz normale Meditationstechniken, wie ich sie Dir hier schon vorgestellt habe. Wenn Du im Hier und Jetzt bist, spürst Du, dass Du nichts weiter brauchst. Das IST Entspannung. Dennoch gibt es Techniken, die speziell entspannen sollen. Autogenes Training ist eine solche Technik. Es gibt noch andere, etwa die *Progressive Muskelentspannung nach Jacobson*.

Ich empfehle einen Körper-Scan. Beginne am Kopf und gehe langsam nach unten. Gehe geistig Deinen gesamten Körper von oben nach unten durch und entspanne alle Muskeln, denen Du *begegnest* aktiv. Du kannst dein Vorgehen *labeln*: Sage Dir, was Du tust: „Ich entspanne die Wangenmuskeln, ich entspanne den Nasenbereich, ich entspanne die Zunge, ich entspanne den Bereich unter dem Kinn bis zum Kehlkopf, ich entspanne den Nacken", und so weiter.

ACTION STEP 9

Das aktive Loslassen intensiver Gefühle

Ich habe weiter oben eine Reihe starker negativer Gefühle aufgeführt: Hass, Rache, Eifersucht, Gier, Verlangen, Hoffnungslosigkeit, Angst, Trauer, Überforderung, Empörung, Verwirrung, Pessimismus, Ärger, Wut, Misstrauen. Diese Gefühle können ganz konkret auf einen oder eine Gruppe von Menschen ausgerichtet sein oder eine bestimmte Situation betreffen. Sie können aber auch mit einem besonderen Verlangen zu tun haben. Wenn wir solche

Gefühle gehen lassen, dann schaffen wir wieder Platz für positive Gefühle wie Liebe, Verzeihung, Opferbereitschaft, Zufriedenheit, Neugier, Wertschätzung, Optimismus, Mut, Zuversicht, Selbstbewusstsein, Gelassenheit, Pragmatismus, Lebensbejahung, Vertrauen, Spaß, Offenheit und Freude.

Hört sich das für Dich gut an? Wenn ja, dann lass uns mit der nächsten Übung loslegen:

- Gehe die negativen Gefühle durch und versuche, eines zu finden, das in Dir stark ist und versuche, zu ergründen, warum es diese Intensität hat – also die konkrete Situation, die es betrifft oder in der es entstanden ist. Dieses Gefühl werden wir gemeinsam versuchen loszuwerden. Spürst Du einen Widerstand? Wir lieben die Gewohnheit, auch gewohnte Gefühle, selbst wenn sie negativ sind. Wir lieben etwa Groll gegen jemanden, der uns schlecht behandelt hat. Dabei wirst Du Dich erleichtert fühlen, wenn Du ihn los bist. Wie Du mit dieser Person weiter umgehst, steht Dir ja frei. Für diese Entscheidung brauchst Du diesen Groll nicht. Groll ist ein schlechter Ratgeber – genauso wie Angst und alle anderen negativen Gefühle. Du wirst nicht wirklich etwas verlieren, Du wirst sogar Wahlmöglichkeiten GEWINNEN. Deine freie Entscheidung, wie Du weitermachen willst, wird bei Dir bleiben. Es geht nur darum, ein Gefühl loszuwerden, was Dein Wohlbefinden stört. Solltest Du keines finden, dann denk einfach an etwas, was in letzter Zeit bei Dir schiefgegangen ist, etwas, was Du vermasselt hast. Möglicherweise bist Du Dir selbst dafür etwas böse?

- Sobald Du ein Gefühl ausgewählt hast, stell Dir die Situation noch einmal vor. Versuche, mit Deinem Bewusstsein möglichst tief reinzugehen, lass es so intensiv wie möglich werden. *Koste es voll aus.* Wo ist es?

- Sobald Du es lokalisiert hast, werde Dir bewusst, dass es an Dir klebt. Wenn andere Personen involviert sind, dann bindet es Dich tatsächlich an diese Personen.

- Visualisiere, dass der Kleber sich löst. Siehst Du, welche Farbe das Gefühl hat? Jetzt nimm es in Deine Hände (nur visualisieren reicht), hole es aus Dir raus, halte es nach vorne und lass es ganz sanft von Deinen Händen rutschen.

- Sage dabei: „Ich will Dich nicht mehr. Ich lasse Dich los. Du bist frei und ich bin frei."

- Wenn Dein Gefühl mit Wut, Hass, Trauma oder Rache auf einen anderen Menschen gerichtet war, dann kannst Du sagen: „Ich verzeihe Dir, mir selbst und allen und allem, wer oder was daran beteiligt war, und lasse euch los (in allen Räumen, Dimensionen und Zeiten). Und ich bitte Dich (den Menschen) und alle und alles, wer oder was daran beteiligt war, ebenfalls um Verzeihung und darum, mich loszulassen. Sollte ich etwas getan haben, was es euch jetzt schwermacht, dieses negative Gefühl loszulassen, dann tut es mir leid. Ich für meinen Teil habe Euch jetzt verziehen und wenn wir uns gegenseitig loslassen, dann können wir uns alle aus der Anbindung an diese niedrige, negative Schwingung befreien und aufsteigen. So sei es."- Du kannst auch visualisieren, dass Du ein Stück nach oben schwebst, weil Du Deine Anbindung an das Negative gelöst hast.

- Spüre, wie sich der Körperteil, in dem das Gefühl war, entspannt, durchblutet wird und Dir und Deinem Gefühlsleben wieder voll zur Verfügung steht.

DAS WAR´S.

Diese Technik beseitigt nicht alle Probleme auf einmal, aber sie ist ein wichtiger Baustein, der seine Wirkung innerhalb der folgenden Tage entfalten wird. Wenn nötig, kannst Du diesen Prozess einfach wiederholen. Du kannst andere negative Gefühle, die Du in Dir entdeckst, auch auf diese Art loswerden.

Ich sagte doch, wir sollen nicht meditieren, um etwas zu erreichen. Ja, stimmt. Das war auch gar keine typische Meditation, sondern eine Technik, die man *Ho-o-pono-pono* nennt. Das ist hawaiianisch und heißt *Heilung durch Verzeihung*.

MEDITATIONSTECHNIKEN FÜR ANFÄNGER: WAS IST ZU BEACHTEN?

DIE HÄUFIGSTEN FRAGEN

Was zu beachten ist, versuche ich möglichst vollständig schon immer bei den Übungen aufzuzeigen. Deswegen vielleicht nur ein praktischer Tipp, bevor wir zu den Fragen kommen.

Es wäre gut, wenn Du einen Platz wählen könntest, wo Du ungestört bist. Früher dachte ich immer, es wäre toll, an einer einsamen Naturstelle, in einem Wald, auf einem Hügel oder so zu meditieren. Im Sommer einen wunderbaren, einsamen Platz in der Natur zum Meditieren aufzusuchen, ist doch genau das Richtige, oder? Aber dann wird man bei Geräuschen unwillkürlich blinzeln: Was ist da los? Kommt da jemand? Gibt´s hier Ameisen? Leider geraten wir in der freien Natur viel öfter in Stress als in den eigenen vier Wänden. Zumindest, wenn es um das Thema Meditation geht.

In Deinem Zimmer wird es viel ruhiger sein, selbst wenn da der Verkehrslärm zu hören ist. Du fühlst Dich dort einfach sicherer. Völlige Stille ist keine Grundvoraussetzung. Meditation ist grundsätzlich sogar bei lautem Krach möglich, WENN Du Dich dabei sicher fühlst. Denke daran: Es mag ja nett gemeint sein, die Meditation in ein nettes Programm *einzupacken*, aber das ist nicht nötig. Eines der Ziele ist es schließlich, äußere Einflüsse auszuschalten. Das, was wir entdecken, ist nicht irgendwo da draußen zu finden, sondern in uns drin.

Als ich meinen Freund G. das erste Mal fragte, wo er wohne, da antwortete er: „Immer in mir drin." Ich fand so eine Antwort damals natürlich nicht so toll, aber später verstand ich, dass das einfach seine wichtigste Priorität war. In der Natur könnte ich mir gut gemeinsame Meditationen, Yoga, Qi Gong oder auch für die Aufmerksamkeitsübung in Action Step 7 vorstellen, weil die Geräusche der Natur angenehmer zu hören sind als Verkehrslärm oder sonstige technische Alltagsgeräusche.

Eines ist sicher: Gerade am Anfang lässt sich Dein Körper nur zur völligen Entspannung überreden, wenn klar ist, dass Du Dich dort, wo Du bist, sicher fühlst.

Ein paar Fragen, die häufig gestellt werden:

FRAGE: Was soll ich machen, wenn ich kurz nach Beginn der Meditation merke, dass ich etwas Wichtiges vergessen habe und befürchte, dass ich es bis zum Ende wieder vergesse?

ANTWORT: Es kommt darauf an, WIE wichtig es ist. Ob Du zum Beispiel den Ofen in der Küche angelassen hast und das Essen anbrennt, ob Dir gerade die grandiose Idee gekommen ist oder ob die Fahrradluftpumpe im Wohnzimmerschrank besser in der Garage aufzubewahren ist? Entscheide selbst. Du solltest *Alibis*, die Du Dir selbst gibst, um eine Meditation zu unterbrechen, selbst erkennen. Normalerweise sollte das Motto sein: *Hast Du einmal angefangen, dann mach weiter.*

Gedanken kommen und *stören*. Das ist normal. Alles, was auftritt, nimmst Du kurz wahr, ohne drüber nachzudenken oder es zu benennen. Aufmerksamkeit heißt im Hier und Jetzt zu sein, nicht in der Vergangenheit. Du bist hellwach und jederzeit bereit, jedes weitere Ereignis wahrzunehmen. Du wirst auch keine Probleme haben, Dich an gute Ideen, die Dir während der Meditation kommen, hinterher zu erinnern.

FRAGE: Ich muss bei Atemübungen oft schlucken. Das unterbricht jedes Mal den natürlichen Atemfluss. Heißt das, dass die Atemübung dann nicht so gut funktioniert?

ANTWORT: Ich musste bei der japanischen Atemübung aus Action Step 2 niesen. Normalerweise mache ich bei dieser Übung sehr tiefe und langsame Atemzüge. Das Niesen erfolgte bei Ausatmung Nr. 3, verursachte ein ganz kurzes Ausatmen, dann ein schnelles Einatmen und schnelles Ausatmen. Danach zog ich automatisch die Nase hoch und Nr. 5 war das Ausatmen unmittelbar danach. Dann ging es normal mit Nr. 6 weiter, bis 9. Schlucken, Husten, schnelle Atemzüge, das sind allesamt keine Probleme. Bleib einfach in der Konzentration, egal was Du beobachtest.

FRAGE: Es juckt mich, ich möchte aber die Meditationsstellung nicht verlassen. Das lenkt mich ab.

ANTWORT: Nimm das Jucken als Jucken wahr und beobachte es. Beobachte, was es mit Dir macht. Nimm Deinen Wunsch, Dich zu kratzen wahr, beobachte, was er mit Dir macht. Welche Gefühle löst er aus? Bauch? Brust? Wenn das Jucken überhaupt nicht nachlässt, dann kratz Dich halt und gehe danach einfach wieder in die Meditationsstellung zurück. Einmal bemerkte ich, wie ein Insekt auf mir herumkrabbelte. Ich dachte mir, wenn es raufgekrabbelt ist, wird es wohl irgendwann auch wieder runterkrabbeln. Das war keine Ablenkung, sondern eine gute Konzentrationsübung.

FRAGE: Ich komme gar nicht in den Zustand der Entspannung. Mache ich etwas falsch?

ANTWORT: Meditation muss nicht immer sofort zur Entspannung führen. Sie hat generell nicht immer sofort die beschriebenen positiven Effekte. Zum Beispiel ist bekannt, dass Meditation sogar eine verdeckt liegende Depression erst auslösen kann. Spannungen, die vom Körper (etwa durch hohe Cortisolspiegel) verdrängt werden, können offenbar werden. Solche Fälle sind als Wege zur Heilung zu betrachten. Eine offene Symptomatik ist einer verdeckten, die eher akute körperliche Schäden hervorrufen kann, vorzuziehen. Mein Rezept wäre: Bleibe bei Deiner täglichen Meditation und geh durch die Symptome ganz bewusst hindurch.

Deine Reaktion auf Stress war einfach schon weiter, als Dir bewusst war und Dein Weg zurück zur Gesundheit ist einfach etwas länger als der vieler anderer. Umso besser, dass Du ihn bereist eingeschlagen hast.

Anmerkung: Auch bei Schizophrenie-Erkrankten oder Menschen, die in der Vergangenheit stark traumatisiert wurden, kann Meditation zunächst einmal

Unangenehmes zum Vorschein bringen. Möglicherweise treten auch Ereignisse zu Tage, die Du verdrängt hattest.

Das alles ist positiv. Es ist der umgekehrte Weg als jener zur Krankheit. Normalerweise verdrängen wir schwierige Konflikte in uns, unser Körper leidet und wird vielleicht krank. Wenn diese Probleme aufbrechen, dann ist die reelle Chance gegeben, die körperliche Krankheit abzuwehren oder zu besiegen. Dafür hat Dein Geist dann diese Aufgabe zu bewältigen. Lass Dir Zeit und denke über alles nach. Sei bereit, zu verzeihen, Dir selbst und auch anderen. Niemand ist perfekt, jeder macht einmal Fehler. Andererseits solltest Du aus Deiner Opferrolle herauskommen. Du bist jetzt kein Opfer mehr: Du bist auf dem Weg, eine ganz neue Objektivität zu erfahren. Letztlich muss jeder die volle Verantwortung für sich selbst tragen. Wir können niemanden zwingen. Versuch Dein Problem zu verarbeiten, so gut es geht. Ändere, was Du verändern kannst, und lass einfach ruhen, was in der richtigen Haltung und mit ziemlicher Sicherheit nicht zu verändern ist. Kein Aktivismus! Man benötigt oft ein paar Tage, bis man die richtigen Entschlüsse fassen kann. Du wirst vielleicht zu manchen Menschen eine andere Haltung einnehmen, als Du vorher hattest.

Wenn Du das Gefühl hast, in Schwierigkeiten zu sein, aus denen Du alleine nicht mehr herausfindest, dann rate ich zu einer begleiteten Meditation – etwa im Rahmen der stationären MBSR-Meditationen oder auch in etablierten Meditationszentren.

Ansonsten ist einfach Geduld und regelmäßiges Training dein Rezept. Die Wirkung der Meditation entfaltet sich oft nicht sofort. Wie beim Training der Muskel im Fitnessstudio, so muss man auch seinen Geist regelmäßig trainieren, um Ergebnisse zu sehen. Bleib dran!

FRAGE: Ist Stress nicht etwas Gutes? Stress gilt als leistungssteigernd und anregend, er treibt mich erst zu Höchstleistungen an. Also warum soll ich ihn ausschalten?

ANTWORT: Diese Vorstellung von Stress ist im Grunde schon das, was wir anstreben. Es geht nicht darum, uns abzuschotten oder abzuschalten, sondern das genaue Gegenteil möchten wir erreichen: Wir möchten engen Kontakt zu allem, was ist, auch zum Stress. Tatsache ist, dass Stress in dem Moment tatsächlich nicht mehr als negativ empfunden wird, wenn wir spüren, dass wir alles annehmen können und uns dadurch zu ungeahnten Leistungen aufschwingen. In dem Moment, in dem Stress in einer entspannten Grundhaltung erlebt wird, ist er auch nicht mehr krankmachend, sondern tatsächlich positiv zu sehen. Dennoch ist negativer Dauerstress durch äußere Einflüsse – wie etwa berufliche Anforderungen – meiner Meinung nach auch aus gesundheitlicher Sicht abzulehnen. Wir sollten versuchen, Schnelligkeit und Aufmerksamkeit aus einer entspannten Grundhaltung heraus zu kultivieren und nicht in erster Linie als *Ausweg aus einer Stresssituation.*

Dazu kommt, dass Leistungssteigerung durch Stress auch nicht in allen Bereichen eintritt. Kreativität beispielsweise funktioniert besser bei entspanntem Bewusstsein. Das lässt sich auch neurophysiologisch beweisen.

FRAGE: Meine Gedanken fangen an durchzudrehen, ich verliere mich in Phantasien – etwa vor dem Einschlafen. Was soll ich anders machen?

ANTWORT: Es wäre falsch, Gedanken kontrollieren zu wollen, aber lange *Abenteuerstorys* im Hirn solltest Du ausschalten. Denk daran, dass es in jeder Situation gut sein kann, Aufmerksamkeit im Hier und Jetzt zu üben. Folge den Meditationsanleitungen. Sie verhindern in vielen Fällen gezielt ein extensives Wandern der Gedanken. Grundsätzlich gilt: Alle Gedanken sind okay, aber lenke sie nicht und hänge ihnen nicht nach. Lass sie kommen, lass sie los und beobachte weiter das Jetzt.

FRAGE: Wenn ich nur noch im Hier und Jetzt aufmerksam sein soll, kann ich dann nicht mehr Erinnerungen nachgehen, über die Vergangenheit nachdenken, etwa Fotoalben anschauen oder Pläne für die Zukunft machen?

ANTWORT: Doch, das geht alles noch. Allerdings wirst Du gelernt haben, diese ruhige, klare und beobachtende Position auch beim Erinnern oder bei Zukunftsplänen einzunehmen. Das heißt, Du wirst Dir eher bewusst sein, was

Du eigentlich machst, als vorher. Es geht einfach darum, wirklich bei dem zu sein, was man tut. Wenn das Erinnern ist oder Zukunftspläne sind, ist das auch okay. Du wirst dadurch sogar intensiver und besser Zukunftspläne schmieden können, weil Du konzentrierter bei der Sache bist.

FRAGE: Es gibt so viele verschiedene Meditationsangebote verschiedener Richtungen. Wenn ich meine Meditationspraxis ausbauen will, wie kann ich erkennen, welche Richtung für mich die richtige ist?

ANTWORT: Es geht eigentlich immer darum, Selbständigkeit zu stärken. Wenn Du eine bestimmte Richtung ausprobieren willst, dann achte immer darauf, diesem Ziel, nämlich selbstständiger zu werden, dadurch wirklich näherzukommen. Folge einfach Deinem gesunden Menschenverstand. Orientiere Dich daran, wie stark Du in die Selbstverantwortung gehst. Wir brauchen keine Gurus und keine Götter dafür. Jeder echte Guru und jeder echte Gott wird froh sein, wenn wir Selbstverantwortung entwickeln und letztlich ohne ihn auskommen. Weniger Arbeit für ihn.

Wenn Du dieses Buch hier sorgfältig gelesen hast und eine oder ein paar praktische Übungen wirklich regelmäßig machst, dann hast Du schon einen sehr guten eigenen Maßstab dafür entwickelt, was Du von einer Meditationstechnik erwarten solltest. Dennoch gibt es natürlich Menschen, die uns freundlich begleiten und so manchen guten Rat geben können. Bleib einfach selbst stehen. Stütze Dich auf keinen, sondern probiere alles selbst aus und entscheide, ob Du dadurch selbständiger wirst.

Da das Kapitel *Meditationstechniken für Anfänge*r heißt, möchte ich Dir im Folgenden drei verschiedene Übungen vorstellen, aus denen Du wählen kannst, welche Du ausprobieren möchtest.

KOMMUNIKATIONSTECHNIK

Im Folgenden möchte ich Dir eine Partner- oder Gruppenübung vorstellen, die für Dich interessant sein kann, wenn Du das Bedürfnis hast, die

Kommunikation mit einer oder mehreren Personen zu verbessern. Wenn das nicht der Fall ist, dann gehe gleich zur nächsten Übung über.

GEMEINSAMES SCHWEIGEN ALS KOMMUNIKATIONSMITTEL.

Psychologen, Soziologen, Kommunikationswissenschaftler und Therapeuten betonen oft, dass es ganz unmöglich sei, in der Gegenwart eines (oder mehrerer) anderer NICHT zu kommunizieren. Die sogenannte Nonverbale Kommunikation wird als ehrlicher und ursprünglicher erachtet als die Kommunikation durch Worte. Dazu eine Geschichte:
Herbert Wehner war ein SPD-Politiker. Er starb 1990. Am Ende seiner Laufbahn wurde er von vielen als der letzte deutsche Politiker angesehen, der im Bundestag noch frei (und meist ganz undiplomatisch) seine Meinung sagte. Er wurde nach seinem Ausscheiden zu einer Art Legende. Er war oft verbal grob, aber immer ehrlich und er konnte zuhören. Über ihn habe ich die folgende Geschichte gehört: Ein Nachwuchspolitiker bekam die für ihn sehr wichtige Chance eines halbstündigen Termins bei Wehner, der damals im Bundestag SPD-Fraktionsvorsitzender war. Er wurde wortlos mit Handschlag empfangen, es wurde ihm ein Sitzplatz zugewiesen, dann ging Wehner hinter seinen Schreibtisch, setzte sich hin und begann, seine Pfeife zu stopfen. Dem Besucher, dem sowohl die legendäre Wortgewalt als auch die Wortkargheit Wehners ein Begriff waren, zögerte, in Gegenwart dieses wichtigen Mannes von sich aus das Wort zu ergreifen. Als Wehner seine Pfeife angezündet hatte, lehnte er sich zurück, sah vor sich hin und schien ganz präsent zu sein, sagte aber immer noch nichts. Der Besucher wusste jetzt nicht, was er davon halten sollte. Sein Trotz war jedoch erwacht und er beschloss, jetzt auch extra nichts zu sagen und von seinem ursprünglichen Impuls, Wehner das erste Wort zu überlassen, nicht abzurücken. Der würde das Spiel sicher gleich beenden, sobald er merkte, dass sein Besucher bereit war, dieses Spiel mitzuspielen. Das passierte aber nicht. Nach dem, was dieser Besucher erzählte, haben die Beiden sich tatsächlich volle 20 Minuten lang angeschwiegen.

Am Ende stand Wehner auf, reichte ihm die Hand und sagte sinngemäß: Er sei froh, ihn (seinen Besucher) einmal kennengelernt zu haben. Es sei sehr wohltuend, mal jemanden zu treffen, der wirklich etwas von Kommunikation verstünde und er könne jederzeit wieder bei ihm vorbeikommen. Dieser Besucher wurde dann relativ schnell ein ziemlich wichtiger Mann in der SPD.

Der folgende Action Step ist für Dich geeignet, wenn Du mit einem Menschen oft zu tun hast, Du glaubst, dass sich Eure Kommunikation im Kreis dreht. Wenn Du denkst, Ihr hättet eigentlich Gesprächsbedarf, aber der andere kommt nicht aus seiner eigenen Deckung heraus, um Dich wirklich zu verstehen.

1. DIE ERSTE ÜBUNG HEISST: GEMEINSAMES SCHWEIGEN

- Bitte einen oder mehrere Menschen, mit Dir diese Meditationsübung zu machen.

- Du kannst ruhig sagen, dass es sich bei dieser Übung um eine tiefe und ursprüngliche Form der Kommunikation handelt

- Mach eine Zeit aus, die allen Beteiligten gut passt.

- Die Dauer sollte nicht weniger als 20 Minuten betragen, optimal wäre eine halbe Stunde. Die Übung kann auch ohne weiteres bis auf eine oder zwei Stunden ausgedehnt werden.

- Zur vereinbarten Zeit setzt Ihr Euch irgendwo hin, wo es für jeden gemütlich ist und wo Ihr nicht gestört werdet.

- Optional kannst Du ein Räucherstäbchen und/oder auch eine Kerze anzünden.- Optional könnt Ihr auch eine Meditationshaltung (etwa mit gekreuzten Beinen, aufrechtem Rücken und einer bestimmten Handhaltung) einnehmen

- Versucht bitte, nicht einzuschlafen, sondern aufmerksam zu bleiben. Hört auf Geräusche, hört auf Euren Atem. Wenn Ihr wollt, könnt Ihr versuchen, die Gedanken des/der Anderen zu „sehen“

- Ihr sitzt 20 Minuten oder 30 Minuten da und das war´s.

- Wenn Ihr glaubt, dass Ihr Euch durch diese Übung irgendwie nähergekommen seid oder etwas voneinander verstanden habt, was Ihr vorher noch nicht kennengelernt hattet, dann verabredet Euch gleich zum nächsten gemeinsamen Schweigen.

ERWEITERUNG:

In einer anderen Form dieser Übung ist es den Teilnehmern erlaubt, dann während der Stille zu sprechen, wenn sie den Drang verspüren, etwas sagen zu wollen, was sie für sehr wichtig für alle halten. Es darf aber darauf nicht geantwortet werden. Es geht nicht darum, einen Dialog zu beginnen, sondern nur darum, einen Gedanken mitzuteilen und zur gemeinsamen Meditation in den Raum zu stellen. Die Einwürfe müssen außerdem immer respektvoll sein und dürfen keine Vorwürfe enthalten. Es soll kein *Duell* entstehen. Es geht darum, sein Gegenüber besser zu verstehen.

MEDITATIONSTECHNIK IM STEHEN ODER GEHEN?

Die Ruhehaltung muss nicht immer eine Sitzposition sein. Auch im Liegen oder Stehen kann man meditieren.

2. ÜBUNG: STEHMEDITATION

Der Schneidersitz wird oft als unbequem empfunden. Dasselbe gilt auch für den Lotussitz oder für aufrechtes Sitzen auf einem Stuhl ohne sich anzulehnen. Beim ruhigen Stehen dagegen ist der Rücken automatisch gerade und die Beine entspannt, die Füße schlafen nicht ein. Ich finde die Position bequemer als die meisten Sitzpositionen, besonders wenn ich etwas länger meditieren will.

In vielen Qi-Gong-Übungen gibt es Phasen, die in einer ruhigen Körperhaltung in tiefer Meditation ausgeführt werden. Beim Stehen kannst Du den Fokus

Deiner Aufmerksamkeit darauf richten, alle Körpermuskeln zu entspannen.

Die folgende Übung ist ein Ausschnitt aus einer Übung aus einer chinesischen Qi-Gong Form, die sich *Falun Dafa* nennt. Mit den Armen hältst Du ein Lebensrad, ein kleines Universum (Falun) vor Dich, welches sich dreht und auf diese Weise Deine Energiebahnen befreien und Stauungen auflösen soll.

POSITION: Stell Dich hin, die Füße schulterbreit auseinander. Die Hände legst Du vor dem Bauch so zusammen, dass die Finger überlappen, die rechte Hand unten, die Daumenspitzen gegeneinandergedrückt. Es ist also okay, wenn die Spitze des Zeigefingers der linken Hand die Haut zwischen Zeigefinger und Daumen der rechten Hand berührt. Die Hände sollen vor dem Bauch etwas unterhalb des Nabels sein und dürfen den Bauch nicht berühren. Es soll ein Abstand von etwa drei bis fünf Zentimetern zwischen den zusammengelegten Händen und dem Bauch sein. Die Achseln sollten frei sein, das heißt, die Oberarme sollten nicht den Körper berühren. Das erreichst Du, indem Du die Ellenbogen etwas nach vorne nimmst. Die Arme sollen nicht gestreckt sein, sondern beide zusammen einen großen Kreis vor Deinem Körper bilden, Schultern entspannt, aufrechte Haltung, der Kopf sollte etwas nach vorne geneigt sein. Entspanne dein Gesicht. Es darf ruhig etwas Heiterkeit zeigen. Die Zunge liegt am oberen Gaumen. Zunge, Hals und Nackenmuskulatur sollten ganz entspannt sein. Die Zähne sollten nicht aufeinanderbeißen. Die Knie sollten nicht durchgedrückt sein. Auch, wenn sich das etwas kompliziert anhört, wirst Du schnell feststellen, wie angenehm diese Haltung sein kann.

- Stell Dich entspannt hin, lass die Arme ganz entspannt neben dem Körper hängen, atme ruhig und natürlich.

- Sobald Du ruhig geworden bist, nimm die oben beschriebene Position ein und schließe die Augen.

- Konzentriere Dich darauf, dass alle Muskeln entspannt sind und entspanne sie aktiv, wenn nötig. Beim längeren Stehen verändern sich Muskelspannungen. Es spannen sich Muskelgruppen, mal in den Schultern, mal im Rücken, mal im Po, mal die Zehen ... Spannungen können überall auftreten. Jedes Mal, wenn Du irgendwo spürst, dass sich Muskeln angespannt haben, entspanne sie aktiv.

- Kontrolliere, ob Du noch in der richtigen Position stehst. Wenn nicht, korrigiere sie. Achte besonders darauf, aufrecht zu stehen, kontrolliere die Kopfhaltung und die freien Achseln.

- Wenn Du Zittern, Schwanken oder sonstige autonome Bewegungen bemerkst, dann ist das gut. Es ist ein Zeichen, dass Körperenergie durch die Energiebahnen, etwa die Meridianlinien, fließt. Versuche, die Bereiche aktiv zu entspannen, damit Energie besser fließen kann.

- Nach 10 bis 30 Minuten kannst Du die Arme wieder entspannt neben dem Körper *hängen* lassen und die Übung beenden. Du kannst diese Übung auch bis zu zwei Stunden ausdehnen, wenn sie Dir gefällt.

3. ÜBUNG: GEHMEDITATION

Eine einfache Übung, falls Du öfter gehst: (Achtung! Bitte eher auf ruhigen Wegen, nicht im Straßenverkehr!) Die Übung erfordert eine ziemlich intensive Aufmerksamkeit, deswegen ist sie am besten geeignet für Wegstrecken über fünf Minuten.

- Gehe ganz normal und achte dabei auf Deinen Atem.

- Zähle, wie viele Schritte Du beim Einatmen und Ausatmen jeweils gehst und versuche, einen konstanten Rhythmus beizubehalten (etwa vier Schritte ein- und sechs Schritte ausatmen). Dies funktioniert für mich, aber Du musst Deinen eigenen Rhythmus finden.- Beobachte die Gefühle beim Gehen, etwa wie sich Deine Füße auf den Boden senken und wieder abheben.

- Schau nicht mehr als nötig herum, sondern konstant vor Dich hin.

- Wenn Du glaubst, das sieht komisch für andere aus, dann spüre kurz in Dich rein, was dieser Gedanke mit Dir macht und lass ihn wieder gehen.

- Versuche, alle Muskeln, die Du nicht zum Gehen brauchst, bestmöglich zu entspannen.

- Wenn Du gedanklich abschweifst, dann lenke Deine Aufmerksamkeit wieder auf Atem und Gehen zurück.

- Zu Deiner eigenen Sicherheit: Bleibe achtsam gegenüber Geräuschen.

- Diese Übung bietet eine weitere Möglichkeit, eine Meditation auch in zeitlich begrenzten Situationen zu absolvieren, wenn sich die Gelegenheit ergibt.

ACTION STEP 10

- Probiere jetzt eine der oben beschriebenen Übungen aus. Das Buch ist auch danach noch für Dich da. Und los!

WELCHE METHODEN WIRKEN SCHNELL UND EINFACH

Einiges, was schnell und einfach wirkt, hast Du bis hierhin bereits kennengelernt: Atemtechniken, Gefühle und Gedanken beobachten, Achtsamkeit auf alles, was sich außerhalb und innerhalb von uns abspielt, aufrechte Körperhaltung, systematische Entspannung des ganzen Körpers, im Tagesablauf eine Zeit für tägliche Übungen einrichten, im Hier und Jetzt präsent sein, versuchen, diese Präsenz in den Alltag mitzunehmen, oder im Alltag durch *Einen-Moment-Meditationen* oder Momente des kurzen *In-sich-hinein-Horchens* erneut hervorzurufen.

In den **Action Steps** stelle ich nur Techniken vor, die schnell wirken und einfach durchzuführen sind. Wenn Du von denen ein paar regelmäßig machst, dann hast Du alles, was Du für die ersten Jahre Deiner Meditationspraxis brauchst.

Sitzposition: Man hört manchmal den Rat, man möge sich vorstellen, ein **Gummibändchen** würde an der obersten Stelle des Kopfes diesen nach oben ziehen. Durch die nun aufrechte Haltung sei man zwischen den Polen Himmel und Erde aufgespannt. Ich habe das probiert, und es hat tatsächlich meine Sitzhaltung verbessert.

Aktives Entspannen von verspannten Bereichen. Während einer Meditationssitzung veränderst Du oft nach und nach Deine Stellung. Wenn Du merkst, dass die Stellung nicht mehr der vorgegebenen Position entspricht, dann korrigiere sie. Dasselbe gilt auch für den Atem: Wenn Du merkst, dass Du irgendwie gezwungen atmest, dann scheue Dich nicht, einfach mal ein paar schnelle, tiefe Atemzüge zu machen, damit Dein Atem danach wieder ganz natürlich fließt. Dasselbe gilt auch für die Muskulatur: Alle Muskeln sollten generell immer möglichst völlig entspannt sein. Das scheint bei manchen Meditationspositionen unmöglich zu sein, aber dieser Zustand ist dennoch anzustreben. Wenn ich Qi-Gong-Übungen mache, dann stehe ich manchmal 20 Minuten mit vor mir ausgestreckten Armen da und es gelingt mir dennoch, alle Muskeln ganz zu entspannen.

An dieser Stelle noch einige zusätzliche Gedanken:

Auch Klänge oder **Musik**, sogenannte Meditationsmusik, können eine sehr entspannende Wirkung haben. Manche Leute lassen solche Musik bei ihren Meditationen im Hintergrund laufen. Ich persönlich habe damit keine Erfahrung, deswegen hatte ich dies bisher noch nicht erwähnt. Sinnvoll könnte ich mir solche Musik als Hintergrund zu Bewegungstechniken vorstellen, etwa Yoga- oder Qi-Gong-Übungen. Auch im Alltag hilft solche Musik bei der Entspannung. Alles geht einem leicht und locker in froher Stimmung von der Hand, wenn man eine solche Musik einmal anstelle der üblich gewählten Musik laufen lässt.

Kerzen oder **Räucherstäbchen** können eine ruhige, angenehme Stimmung unterstützen. Wenn Du Räucherstäbchen nicht magst, dann lass sie weg. Es geht nicht um die Hilfsmittel selbst, sondern nur darum, dass Du Dich gut, ruhig und geborgen fühlst, wenn Du Deine tägliche Meditation machst. Kerzen flackern zwar manchmal, aber manche Menschen empfinden ihr Licht als ruhiger und natürlicher als elektrisches Licht. Du kannst auch im Dunkeln meditieren. Die meisten Übungen können ja auch mit geschlossenen Augen durchgeführt werden.

Was wir heute als **Yoga** kennen, arbeitet auf drei Ebenen: Körper, Atmung und Geist (Entspannung, Bewusstsein). Das eigentliche Ziel ist, zu lernen, dem Körper zuzuhören und diesen konzentriert zu beherrschen. Als Meditationstechnik ist Yoga eine Übung der Achtsamkeit. Es werden aber auch Kraft, Körperbeherrschung, Balance, Entspannung und vor allem Konzentration trainiert. Yogaübungen brauchen Vorbereitung und eine gute Anleitung. Deswegen beschreibe ich hier keine Yoga-Bewegungsübungen. Dazu sind Bücher, die sich speziell damit befassen, besser geeignet.

Yoga sollte am besten unter fachkundiger Anleitung erlernt werden. Selbst vor gut bebilderten Anleitungen wird von Seiten mancher Orthopäden gewarnt, wenn diese Übungen im reinen Selbststudium ausgeführt werden. Auch wird Yoga leider manchmal mit Leistungssport verwechselt. Wie bei jeder Meditation geht es nicht darum, die schwierigsten Techniken zu meistern, sondern möglichst einfache Techniken regelmäßig auszuführen und damit die gewünschte

Harmonie zwischen einem aufmerksamen Geist und einem gesunden Körper zu erreichen.
Ich glaube, einfache Übungen können ganz gut sein, wenn Du generell körperlich fit bist und wenn Du sie in der richtigen Form, in ruhiger, meditativ gesammelter Stimmung ohne Unterbrechungen und ohne dabei zu sprechen, ausführst. Auch nach einer Übung solltest Du Dir etwas Zeit geben, meditativ in Dich hineinzuhorchen und die Wirkung nachklingen zu lassen.

Qi Gong (Chi Gong): Die Lebensenergie (das Qi) fließen lassen und Yin und Yang ausbalancieren.

Vieles, was ich zu Yoga gesagt habe, trifft hier auch zu. Die Übungen selbst sind aber meist ohne große artistische Fähigkeiten zu meistern und eignen sich somit als sanfte, entspannende und meditative Gymnastik auch gut für ältere Menschen. In Asien treffen sich oft Menschen in Parks oder auf öffentlichen Plätzen, um Übungen gemeinsam synchron auszuführen. Eine Form, die hier bei uns besonders bekannt geworden ist, ist das **Tai Chi**. Der Übergang zu asiatischen Kampftechniken wie Kung Fu ist fließend.

MEDITATIONSTECHNIK MIT BEWEGUNG

Yoga ist eigentlich viel mehr als die gymnastischen Bewegungstechniken, die wir heute darunter verstehen. Das Wort kommt aus dem Sanskrit und wird in seiner übertragenen Bedeutung mit *Einsatz (für etwas), Gebrauch, Anwendung, Durchführung, Einheit* übersetzt. Es ist also die Bezeichnung für Methoden oder Techniken, um etwas zu erreichen.

Von etwas über 200 Yoga-Sutras (Lehrtexten) beschäftigt sich lediglich einer mit den Yogastellungen (Asanas), die heute im Westen Yoga genannt werden. Yoga ist die Bezeichnung für eine der acht orthodoxen, hinduistisch-philosophischen Traditionen. Die hat nichts mit hinduistischer Religion zu tun. Es wurde lediglich in dieser sehr alten Kultur, die vor etwa 5000 Jahren um den Fluss Sindhu (Indus) herum entstand, entwickelt.

In dieser Hauptrichtung des Yoga ohne Asanas wurde eine Übung entwickelt, die sehr gut ins Kapitel passt, weil sie sehr einfach und doch sehr wirksam ist. Hauptschwerpunkt ist Loslassen oder Auslöschen. Wie der Schmetterling die Raupenhülle freiwillig zurücklässt, so will der Yogi sein altes Leben loslassen, um sich von seiner Existenz im nächsten Entwicklungsschritt überraschen zu lassen. Der indische Weise und Poet Kabir sagte: „Ich suchte nach mir selbst und ich fand kein Selbst. Es gibt mich nicht mehr. Der Tautropfen verschwindet im Ozean.“ Das hinderte ihn keineswegs, als Lehrer viele Schüler zu unterrichten und ein ganz normales Leben als hochgeachteter Mensch zu führen. Das ist Wachstum: Das Alte vergeht und macht dem Neuen Platz.

Das Neue ist für uns nicht sichtbar. Wir wissen lediglich, dass wir weder unser Körper noch unser Geist sind. Daher ist es ein Grundanliegen aller fernöstlichen Meditationsformen, das völlige Erlöschen des Ichs anzustreben. Bei der Übernahme fernöstlicher Meditationstechniken im Westen wird dieser Aspekt meist abgemildert, da wir dazu erzogen werden, das Individuum als unser Entwicklungsziel zu verstehen. Auch im Westen wird jedoch anerkannt, dass das, was der Ungeschulte unter seinem *Ich* versteht, tatsächlich so weit von dem entfernt ist, was der fortgeschrittene Geschulte darunter versteht, dass die extreme Forderung nach dem völligen Erlöschen tatsächlich sinnhaft erscheint. Wenn Du verstehst, dass Du weder Dein Körper noch Deine Gedanken oder Gefühle *bist*, dann machst Du innerlich automatisch für das Platz, was erst noch wachsen will. Und dieser Zustand ist genau das, was wir schon *innere Klarheit, Ruhe, Aufgeräumtheit* genannt haben.

Die folgende Übung ist aus dem sogenannten Kriya Yoga für westliche Lernende. Die Mantras haben den Sinn, einerseits die Gedanken zum Schweigen zu bringen und andererseits durch ihren immer wiederholten Inhalt ein Bewusstsein zu entwickeln.

Ich verwende diese Übung übrigens sehr oft, wenn ich mich über gewisse Dinge im Büro ärgere oder Stress fühle. Sie ist sozusagen auch eine gute *SOS*-Methode, um sehr schnell und effektiv in einen entspannten Zustand zu kommen. Die Dauer kann hier stark variieren: von 20 Minuten zuhause bis zu 20 Sekunden im Büro. Alles ist möglich!

Die Mantras sind: “I am not the body“ während des Einatmens und „I am not even the mind“ während des Ausatmens. Wenn Du kein Englisch kannst, dann benutze die deutschen Mantras: „Ich bin nicht der Körper“ beim Einatmen und „Ich bin nicht einmal der Geist“ beim Ausatmen. Wenn Du gewohnt bist, den Menschen als Dualität von Körper und Bewusstsein zu bezeichnen, dann denke beim Ausatmen: “Ich bin nicht einmal das Bewusstsein“

Wenn Dir der Gedanke Angst macht, Dir mit diesen Mantras einzureden, dass Du weder Dein Körper noch Dein Bewusstsein bist, dann kannst Du den folgenden Action Step auch überspringen.

Die Übung läuft Dir nicht weg. Solltest Du Dich jemals dazu entschließen, kannst Du sie jederzeit nachholen. Vielleicht kommst Du darauf zurück, wenn Du mit den anderen Techniken schon etwas Erfahrung gesammelt hast.

ACTION STEP 11

- Stell Dir eine Uhr in Sichtweite.

- Position: Setz Dich in den Schneidersitz, mit aufrechtem Rücken, die Hände mit nach oben geöffneten Handflächen auf die Knie gelegt, den Kopf leicht nach hinten geneigt, milde Konzentration auf den Bereich zwischen Deinen Augenbrauen. Angeblich soll es günstig sein, nach Osten zu schauen. Ob es wirklich vorteilhaft ist, kann ich nicht sagen. Wichtig ist die Konzentration auf den Bereich zwischen Deinen Augenbrauen.

- Atme ruhig ein und aus. Beginne mit den Mantras: „I am not the body“ während des Einatmens und „I am not even the mind“ während des Ausatmens – oder mit den deutschen Übersetzungen wie oben beschrieben. Achte darauf, dass Du die Mantras auf die gesamte Dauer Deiner Atemzüge ausdehnst.

- Mache das sieben bis elf Minuten lang. Du musst also nur ab und zu auf die Uhr schauen (Idealerweise schaue ich einmal alle sieben bis elf Minuten hin.)

- Die nächsten sieben Mal ausatmen sagst Du kräftig und voller Genuss: „Aaaah“ mit weit geöffnetem Mund. Du atmest tief in das „Aaaah“ aus. Du sprichst es von dem Bereich direkt unter Deinem Bauchnabel aus. Du musst nicht sehr laut sprechen, aber laut genug, so dass Du die Vibrationen in diesem Punkt spürst. Wenn Du etwas lächeln willst, ist das völlig okay.

- Bleibe anschließend in Deiner Sitzposition und meditiere still fünf bis sechs Minuten. Im Unterschied zu früheren Meditationen achtest Du auf NICHTS. Nichts von außen und nichts von innen interessiert Dich. Sitz einfach nur da. Wenn es länger wird, ist das okay.

- Die Gesamtdauer sollte auf jeden Fall über zwölf Minuten liegen.

- Wenn Dir diese Meditation gefällt, dann mache sie zweimal täglich über eine Dauer von 48 Tagen oder einmal täglich über eine Dauer von 90 Tagen.

Es ist kaum zu glauben, wie lang fünf Minuten sein können, wenn es nichts zu tun gibt. Keine Aufgabe, keine Vorgabe. Eine sehr interessante Erfahrung. Hat man erst einmal etwas Erfahrung und Übung mit dieser Meditation gemacht, wird sie eine unglaubliche Wirkung entfalten. Dazu ist es allerdings notwendig, wenn Du Anfänger bist, länger dranzubleiben.

DIE 5 BESTEN ANFÄNGERTIPPS

SO GELINGT DER START

1. Verschaffe Dir für Deine Meditationen genug Ruhe und Zeit. Wenn Du zehn Minuten meditieren willst, dann mach dies in einem 20 bis 30 Minuten großen Zeitfenster. Es hat keinen Sinn, wenn Du während der Meditation überlegen musst, was Du sofort danach alles schnell machen musst, um nicht zu spät zu kommen. Steh lieber eine halbe Stunde früher auf und integriere Deine Übung in eine ruhigere Phase Deines Alltages. Wenn Du eine vorgegebene Zeit schlecht einschätzen kannst, dann stelle eine Uhr in den Sichtbereich oder stelle Dir einen Wecker. Eine halbe Stunde für Meditation aufzubringen, wird Dir übrigens mehr Energie geben, als diese halbe Stunde Schlaf es jemals könnte. Nicht zuletzt, weil durch regelmäßige Meditation auch die Schlafqualität oft zunimmt.

2. Fange nicht sofort an, wenn Du Deine Meditationsposition eingenommen hast. Beobachte Deine ersten Atemzüge. Oft hast Du erst noch Sauerstoffbedarf durch die Positionsveränderung. Ich warte, bis ich innerlich ruhig bin, versuche, in eine angenehme, gütige Stimmung zu kommen, lasse die Gedanken sich beruhigen und beginne dann. Du brauchst kein *Ritual*, aber viele Anfänger berichten, dass es ihnen hilft, eines zu haben. Ich empfehle es Dir ebenfalls, vor der Meditationseinheit aktiv zu lächeln. Die Verbindungen zwischen Körper und Gehirn wirken beidseitig, daher lässt das Lächeln bereits vor der Meditation Glücksbotenstoffe in deinem Gehirn freisetzen. Du kommst so schneller in eine tiefe Entspannung und bessere Konzentration. Dieser Trick ist simpel, aber gleichzeitig extrem kraftvoll.

3. Versuche, die Gelassenheit, die Ruhe und Aufmerksamkeit, die Du durch die Übungen bekommst, möglichst weit in den Alltag, der danach kommt, mitzunehmen. Erlebe Dich selbst bewusst, wie Du in dieser Stimmung Alltagsaufgaben ausführst und versuche, den Unterschied zu sonst zu verstehen. Lass Dir Zeit. Du brauchst nicht sofort nach der Meditation den Fernseher aufdrehen oder Deine Freundin anrufen. Versuche, keine Ablenkungen zu schaffen, sondern wähle Tätigkeiten, die Du gesammelt und konzentriert durchführen kannst.

4. Der Effekt wird anfangs nicht weit in den Alltag hineinreichen. Schon nach drei bis vier Stunden wirst Du den Eindruck haben, Du fühlst Dich wie immer. Ist das wirklich so? Übe Deine Sensitivität und versuche, zu erkennen, ob nicht doch jetzt etwas anders ist. Was ist das? Wenn Du zwischendurch etwas Ruhe hast, versuche, diese Stimmung willentlich noch einmal hervorzurufen. Nach den zwei Jahren, die ich jetzt regelmäßig meditiere, brauche ich diese Stimmung nicht mehr hervorzurufen, weil sie eine Grundstimmung geworden ist, die mein gesamtes Wachleben durchzieht. Es ist unglaublich.

5. Wenn Du zwischendurch einen Moment Zeit hast, dann versuche, Dich selbst wie von außen zu sehen. Was macht er jetzt? Was macht sie jetzt? Ist das so okay? Was denkst Du darüber? Irgendwie typisch für sie/ihn?

MEDITATIONSTECHNIK: DER EXTERNE BEOBACHTER

Er beobachtet Dich ohne jede Bindung, ganz objektiv, wie ein völlig Fremder. Er ist nicht Du, nicht Dein Vater, nicht Deine Mutter oder sonst jemand, den Du kennst. Er ist gütig, aber frei von jeder gefühlsmäßigen Bindung. Eine allgemeine Sympathie hat er für alle Menschen. Er ergreift auch für niemanden Partei. Er sieht andere genauso objektiv und ohne jede gefühlsmäßige Bindung wie Dich selbst. Er sieht Dich so, wie Du einen Dir völlig fremden Menschen beobachtest.

Wenn ich also „Wir nehmen die Position eines externen Beobachters ein“ schreibe, dann beschreibe ich die ersten Baby-Schritte eines langen Weges. Wir werden uns selbst gegenüber ganz objektiv und schonungslos offen werden müssen.

Der externe Beobachter, den wir durch regelmäßige Meditation entdecken, wird auch das *höhere Ich* oder das *höhere Selbst* genannt. (Keine Verwechslung hier: Du bist es nicht!) In einem weiteren Schritt, der noch weiter in der Zukunft liegt, werden wir erkennen, dass dieser externe Beobachter über eine erhöhte Aufmerksamkeit verfügt, die manche, die schon viel mehr Erfahrung haben, auch als *höhere Schwingung* bezeichnen. Wenn Du ihn viel später auf Deinem Weg einmal näher kennengelernt hast, wirst Du diese erhöhte Aufmerksamkeit auf Dinge niedrigerer Schwingung wie Krankheitskeime, Entzündungen, innere Konflikte oder auch ungute Gefühle richten und sie einfach *wegbrennen* oder *wegverstehen*. Wo hohe Aufmerksamkeit in gütiger, liebender, verstehender Grundschwingung vorherrscht, können Krankheiten, Konflikte, also *niedrige Schwingungen* nicht so einfach bleiben.

Im Grunde lernst Du zu meditieren, um ihm ähnlicher zu werden.

Dieses *höhere Selbst* nimmst Du normalerweise nicht wahr, weil Dein Bewusstsein ganz mit den Bewegungen und Aktivitäten an der Oberfläche beschäftigt ist. Diese Unruhe an der Oberfläche funktioniert beim Ungeschulten wie eine Sichtblende, hinter der er nichts mehr erkennen kann. Zur Kultivierung des externen Beobachters empfehle ich Dir besonders die Kriya-Yoga-Meditation aus Action Step 11. Es gibt aber noch eine Möglichkeit, Objektivität gegenüber uns selbst zu üben. Diese möchte ich Dir jetzt vorstellen.

ACTION STEP 12

Die folgende Technik wird Dir helfen, die Rolle eines externen Beobachters einzunehmen.

- Jeden Tag, nachdem Du ins Bett gegangen bist, rufst Du Dir die beiden längsten sozialen Kontakte des Tages in Erinnerung und bewertest Dein Verhalten dabei. Versuche bewusst, diese ganz objektive Rolle eines externen Beobachters einzunehmen.

- Wenn das in Dir Gefühle hervorruft, dann versuche, auch im Jetzt diese Gefühle zu beobachten.

- Wenn Du den Eindruck hast, dass das zu viel Arbeit ist, dann mache es nur mit einem – deinem längsten – sozialen Kontakt des Tages.

- Kann sein, dass Du gütig schmunzelst. Du bist gütig und liebevoll. Du verurteilst nicht, sondern erkennst höchstens Lernaufgaben. Du bist auch ein anerkennender und lobender Beobachter. Lächle nochmals und sei dankbar für die neuen Erkenntnisse.

DIE FÜNF GRÖSSTEN FEHLER BEI DER MEDITATION

VERMEIDE SIE!

1. **Ungeduld**. Du meditierst ein paar Tage, ohne dass Du viel merkst und lässt es wieder sein. Vielleicht suchst Dir ein anderes *Hobby*.

Das ist sicher eine der größten Gefahren. In diesem Moment gibst Du nämlich zu, dass Du noch gar nicht angefangen hast, zu meditieren. Ja, Du hast Dich hingesetzt, Du hast alles gemacht, was ich Dir in den Action Steps gesagt habe, aber Du hast noch nicht meditiert. Meditieren ist gar keine Tätigkeit, sondern ein Zustand. Du hast Tätigkeiten ausgeführt, aber den Zustand nicht erreicht, sonst würdest Du weitermachen.

MEIN TIPP: Probier es weiter und mach alle Übungen nochmal.

Die Ergebnisse der Meditation kommen, wie beim Training der Muskulatur, schleichend, aber stetig. Es erfordert einfach Zeit. Gib Dir diese Zeit und damit die Chance, von den unglaublichen Möglichkeiten und Ergebnissen der Meditation zu profitieren.

2. **Aktionismus**. Du erkundigst Dich überall nach Meditationsangeboten, vergleichst im Internet die Preise für Yoga-Matten und liest täglich über neue Meditationstechniken. Du weißt nicht, ob Du mit einem Kurs in Zen-Meditation auskommst oder ob Du nicht zusätzlich einen Yoga-Kurs belegen solltest. Dabei verlierst Du Dich in Details und hast keinen Überblick mehr über das Wesentliche: die Meditation an sich.

MEIN TIPP: Gehe es ruhig an. Mache einen Schritt nach dem anderen. Beginne die Meditation JETZT. Begegne allem weiteren in einem meditativen Zustand.

3. Du setzt Dich unter **Leistungsdruck**. Siehe auch Punkt eins.

MEIN TIPP: Ich weiß, dass Leistungsdruck heutzutage allgegenwärtig ist. HIER ist er absolut fehl am Platz. Wenn Du eine Zehn-Minuten-Übung nicht schaffst, dann machst Du halt nur zwei Minuten. Versuche, nach und nach auf drei, fünf usw. zu steigern. Es kommt eigentlich nicht auf die Dauer an, sondern nur darauf, diesen Zustand der entspannten, ruhigen, hohen Aufmerksamkeit kennenzulernen. Alle Zeit- oder Mengenangaben sind **kein Muss**, sondern nur Anhaltspunkte. Lerne die asiatische Philosophie der kleinen Schritte kennen. Wenn Du etwas erreicht hast, dann freu Dich erst einmal. *Etwas* ist besser als *nichts*. Auch ganz kleine Trippelschrittchen führen zum Ziel. Mache ganz kleine Schritte und wenn einer davon gelingt, mach ein Päuschen und nimm Dir Zeit, Dich einmal drüber zu freuen.

Lass Dich nicht entmutigen, wenn es am Anfang noch nicht ganz so klappt. Ich habe auch manchmal Phasen, da drängen sich mir Wortfetzen mit Nachdruck ins Gehirn. Schaffe ich es, sie auszuschalten, dann gibt´s Musikprogramm. Es ist zum Auswachsen. Das kommt bei mir immer wieder vor. So eine Phase kann oft eine Woche dauern. Wenn auch Dich Deine innere Unruhe stört, könntest Du überlegen, ob Du weniger Kaffee oder Tee konsumieren solltest. Der Körper bildet sein eigenes Aufputschmittel (Adrenalin), wenn nötig. Ich habe sehr gute Erfahrungen gemacht, als ich meinen Kaffeekonsum massiv eingeschränkt hatte. Ich habe übrigens jetzt mehr Energie als zuvor. Auch Schokolade kann zu innerer Unruhe führen. Dasselbe gilt natürlich für koffeinhaltige *Energy Drinks*. Vor allem aber brauchst Du Geduld, damit Du Dich in verschiedenen Phasen beim Meditieren erleben kannst. Stell Dir vor, Du würdest gerne Ski fahren, aber der Schnee wäre komplett unsichtbar. Du musst es immer wieder probieren und rutschst nur auf der Wiese rum, bis es eines Tages im Frühwinter klappt. Dann ist es super. Du brauchst **Geduld**.

4. Du verlierst die Lust, weil Du Dich **überfordert** fühlst. (Siehe auch Punkte eins und drei)

MEIN TIPP: Für viele sind die hier vorgestellten Übungen gar nicht so einfach. Manche haben zum Beispiel Probleme, sich mehr als zwei Minuten nur auf ihren Atem zu konzentrieren. Gedanken kommen immer wieder und unterbrechen die Konzentration. Falls dies auch auf Dich zutriffst, ist Meditation besonders wichtig für Dich .

LÖSUNG: Splitte die Übung auf, etwa wie die in Action Step 2, in der Du es lediglich schaffen musst, Dich neun Atemzüge lang zu konzentrieren.

ANDERE LÖSUNG: Sei Dir bewusst, dass gerade bei Atemübungen aus dem geistigen Bereich heraus körperliche Heilungen angeregt werden. Das geht nicht ohne Kopfarbeit, also Gedanken und Vorstellungskraft. Wenn Du immer wieder von Gedanken unterbrochen wirst, dann sieh dies als ein Zeichen an, dass Du genau das machst, was Du brauchst und fange immer wieder neu an, bis es klappt. Die Gedanken sind dann ein Symptom Deiner beginnenden Heilung.

Generell: Lasse Dich nicht entmutigen, indem Du Dich auf die Misserfolge konzentrierst. Jene Gedanken, die Dich bei der Meditation stören, sind viel *lauter* als die Stille. Deswegen bleiben Dir solche Momente des scheinbaren Misserfolges auch in Erinnerung. An die vielen stillen Momente, in denen Du gar keine Gedanken hattest, erinnerst Du Dich nicht, weil Stille ja leise ist. Mache Dir lieber bewusst, wie viele stille Momente Du schon genießen konntest, anstelle gedanklich die *lauten* in den Vordergrund zu befördern.

5. **Faulheit** und **Ausreden**: Du hast heute einfach keine Zeit für die zehn Minuten Meditation.

LÖSUNG: Eine alte Regel lautet: Nimm Dir jeden Tag zehn Minuten Zeit für die Meditation. Ausnahmen können Tage sein, an denen Du zu viel zu tun hast und einfach nicht dazu kommst. An solchen Tagen nimm Dir eine halbe Stunde Zeit.

Wenn Du in einer geistigen Verfassung bist, in der Du es nicht einmal schaffst, Dich zehn Minuten lang ruhig hinzusetzen, glaubst Du wirklich, das ist dann die Verfassung, in der Dir alle möglichen wichtigen Dinge gelingen? Ich garantiere Dir: Die Antwort ist NEIN.

Erlaube mir eine persönliche Bemerkung: Wenn Du in so schlechter Verfassung bist, dann ist das ein deutliches Zeichen für Dich, in deinem Leben etwas zu ändern. Fang am besten jetzt gleich damit an: Zeig Deinem inneren Sklaventreiber den Stinkefinger und beginne jetzt gleich mit Deiner Sitzung. Was will er denn machen? Diesen Kampf kannst sowieso nur Du gewinnen.

Eine weitere Möglichkeit für Dich könnten vielleicht die *Eine-Minute Meditation* sein. (Siehe Action Step 7)

„**Commitment**": Wieder so ein Wort, bei dessen Übersetzung ins Deutsche mehrere Worte benötigt werden: *Hingabe, Verpflichtung, Engagement, Zusage, Einsatz, Verbindlichkeit.* Du brauchst jetzt am Anfang ein starkes Commitment dazu, die tägliche Meditation für die nächsten drei Wochen zu bewältigen. Sieh es als *Challenge*, wenn Du willst. Es muss verbindlich sein. Du kannst im Bergland eine bestimmte Strecke nur dann schaffen, wenn Du Höhen UND Täler durchwanderst, und nicht, wenn Du gleich im ersten Tal in einem Wirtshaus sitzen bleibst. Täler kommen bei den meisten. Sie sind sogar vielfach beschrieben. Gerade in Phasen VOR grundlegenden Weiterentwicklungen treten sie auf. Kurz vor dem Morgen ist die Nacht am dunkelsten.

MEDITATIONSTECHNIK

Ich möchte auf eine Technik zurückkommen, die ich schon in Action Step 5 kurz vorgestellt habe: Die **mentalen Kennzeichnungen** (Labelling).

Diese Technik eignet sich für die Bewältigung aller möglichen Arten von Schwierigkeiten. Nehmen wir an, es juckt Dich irgendwo, aber Du bist gerade so schön in der Versenkung, dass Du Dich nicht kratzen möchtest. Oder es klingelt plötzlich Dein Handy. Wenn Du es Dir zutraust, kannst Du alles einfach beobachten. Wenn Dich so etwas total aus der Bahn wirft, dann kennzeichne, was passiert. Das Geräusch kriegt das Label *Das Handy klingelt.* Dein Gedanke kriegt ein Label *Ich mache mir den Vorwurf, dass ich vergessen habe, das Handy vorher auszuschalten.* Das Gefühl kriegt ein Label: *Gefühl von Ärger im Bauch,* der Impuls kriegt ein Label *Gefühl der Unsicherheit,* die Entscheidung kriegt ein Label *Ich entscheide mich, es einfach klingeln zu lassen.* So könnte es weitergehen, aber dies alles soll nur ein Hilfsmittel sein. Wir sollten irgendwann wieder in die stille Beobachtung zurückfinden.

Beim Jucken könnte es einfacher sein, weil insgesamt weniger passiert *Es juckt, Impuls, dass ich mich kratzen will, Ich frage mich, ob ich kratzen soll oder es aushalte, Es juckt stärker als vorher, Ich kratze mich, Ich gehe zurück in die Stille.*

ACTION STEP 13

- Wenn Du Probleme hast, Dich zu konzentrieren, dann probiere diese mentale Kennzeichnung.
- Benenne ablenkende Gedanken mit *ablenkende Gedanken.*
- Benenne Gefühle treffend: Was fühlst Du und wo und wodurch wurde das Gefühl ausgelöst?
- Benenne Deine Entschlüsse, wieder zur Meditation zurückzukehren *Wieder zur Meditation zurückgehen.*- Sobald Du zurück bist, benenne, was Du tust, also die Aufgabe der Meditation, zum Beispiel *Darauf achten, wie mein Atem meine Nasenhaare bewegt und darauf, was er im Bereich des Brustbeins bewirkt* und *nur beobachten.*

WIE ERKENNE ICH RESULTATE?

Ich bin kein Guru, sondern selbst ein Anfänger. Ich kann auch nicht mehr, als Dich auf einen Pfad bringen, den Du letztlich selbst weiterverfolgen musst. Ich habe Dinge beschrieben, die für mich beschreibbar sind. Du hast mich möglicherweise teilweise nicht verstanden, weil das, was ich benannt habe, erst in der Zukunft auf Dich zukommen wird. Bei jeder menschlichen Kommunikation ist es ganz normal, dass jeder aus seiner eigenen Erfahrung heraus spricht und andere nur insofern erreicht, als seine Erfahrungen mit ihren übereinstimmen.

Was auf diesem Weg des erhöhten Bewusstseins auf Dich zukommt, wird neu für Dich sein. Es wachsen Sinneskräfte und Fähigkeiten in uns, die wir vorher nicht kannten. Deswegen ist auch der Rat der Weisen so wichtig: All das, was Du benennen kannst, ist nicht das, was Du suchst. All das, was Du glaubst verstanden zu haben, ist nicht, wie es wirklich sein wird. Ich konnte Dich nur ganz grob auf Manches hinweisen. Vielleicht wirst Du Dich an manches erinnern, wenn es Dir begegnet.

Den ersten Schritt hast Du getan, wenn all jene Impulse, die ich mehrmals erörtert habe – etwa in dem Kapitel *Was bringt Meditation* im Alltag bei Dir zu wirken beginnen. Das hilft bei der Stressbewältigung, macht Dich leistungsfähiger und gesünder. Es ist aber nur ein ganz kleiner erster Schritt. Der Weg, den Du mit regelmäßiger Meditation beschreiten kannst, führt viel weiter.

Wenn Du also wissen willst, ob es wirkt, dann mach einfach Deine regelmäßige Meditation. Wundere Dich, wenn Dir alle möglichen Ideen und Erkenntnisse kommen, wundere Dich, wenn Dir viele Menschen irgendwie emotional unreif vorkommen, wundere Dich, wenn Menschen Meinungen vertreten, in denen nur die Hälfte der wesentlichen Überlegungen eingeflossen sind und schreibe nach zwei Jahren ein Buch über Meditation. (Mach Videos auf YouTube oder beschreibe Deine Erfahrungen in einem Blog. Die Botschaft ist wichtig, heute vielleicht mehr denn je.) Auf diese Weise konnte ich erst richtig feststellen, was von all dem, das in mir geschehen ist, auf Meditation zurückzuführen ist.

Alternativ: Lies dieses Buch in einem Jahr noch einmal und wundere Dich darüber, wie viel von dem, was Du schon einmal gelesen hast, plötzlich neue Bedeutungen erhalten hat. Du wirst dieses Buch dann mit *anderen Augen* lesen und wahrscheinlich des Öfteren schmunzeln müssen.

In Wahrheit ist dies das einfache Leben: Nur mein Körper, mein Geist und ich (was immer das sein mag) im Hier und Jetzt, unendlich schön, magisch und erfüllend. In dieses Bewusstsein sollten wir eintauchen, nicht davor weglaufen. Aus Angst vor Leere läuft der Mensch oft vor Fülle weg in eine oberflächliche Ablenkung hinein, die doch ganz etwas anderes ist, als jene Fülle, die er eigentlich schon längst in sich trägt.

Lass Dir nicht einreden, Dein Alltag sei öde und langweilig. Das ist eine Lüge derer, die Dir ihre Mittel gegen Langeweile verkaufen wollen: Ein neues Auto, ein Haus, oder wenigstens Parfüm, Schönheit, Erfolg durch Dinge, die Du kaufen sollst. Solche Leute haben umso mehr Erfolg, je eher sie es schaffen, Menschen einzureden, dass sie öde, langweilig und hässlich sind und ihr Alltag trist und grau. Lügen! Glaube sie auf keinen Fall. Entdecke die Schönheit und die Magie um Dich herum in jedem Augenblick. Es gibt sie in Hülle und Fülle. Du kannst lernen, sie zu sehen.

Einen Rat vieler Weiser möchte ich Dir in dem Zusammenhang noch mitgeben: Achte darauf, dass Du Güte, Barmherzigkeit und Liebe in Dir kultivierst. Du kannst auf Deinen Weg keinen wirklichen Fortschritt machen, wenn Dein Grundgefühl von Egoismus bestimmt wird. Auf diesem Weg solltest Du mit jedem einzelnen Schritt drei Schritte in Richtung größere Liebe, mehr Mitgefühl und Güte machen, sonst ist er gefährlich.

Diesen Rat findest Du bei allen Weisen und Lehrern der Meditation, wenn auch nie prominent an erster Stelle.

Ein praktischer Rat: Auf Dauer versuche, ab und zu auch längere Einheiten von 30–60 Minuten einzuschieben.

In einem weiteren Schritt kannst Du feststellen, ob Du insgesamt Fortschritte gemacht hast. Wenn Du Dich während der Meditation auf eine bestimmte

Sache konzentrieren sollst, dann kann es sein, dass am Anfang Dein Bewusstsein von dem, was Du beobachtest, erfüllt ist. Nehmen wir als Beispiel mal jenen Punkt oberhalb des Bauchnabels bei der *Steigen-und-Fallen*-Meditation. Am Anfang kann es sein, dass Dein Bewusstsein quasi in diesen Punkt hineinwandert.

In dieser Phase ist es anzustreben, dass Du das zu Beobachtende wie von einer höheren Warte aus beobachtest, etwa aus Deinem dritten Auge (zwischen den Augenbrauen) heraus. Von dort aus versuchst Du, die Aufmerksamkeit immer weiter zu steigern. Dein Bewusstsein bleibt dann auf der höheren Ebene und beobachtet von da. Es ist nicht ganz einfach, denn Du sollst ja ganz genau und möglichst detailliert erkennen, was los ist. Also gehst Du wieder in die Beobachtung von oben zurück und trainierst, Deine Aufmerksamkeit zu *richten*, so wie Du das Licht einer starken Taschenlampe richten kannst. Eine heilende, liebende und verstehende *Röntgentaschenlampe*.

MEDITATIONSTECHNIK: GÜTE, LIEBE, MITGEFÜHL, BARMHERZIGKEIT

Man könnte die Liste noch beliebig verlängern: Objektivität, Fairness, Verständnis, kein (Ver-)Urteilen, Freigiebigkeit, offene Freundlichkeit, schonungslose Ehrlichkeit gegenüber mir selbst. Es ist eigentlich gar nicht so schwer zu erklären, warum diese Eigenschaften so wichtig sind. Im Grunde begegnen wir uns selbst so, wie wir gewohnt sind, Menschen und Dingen um uns herum zu begegnen. Wir können diesen Weg der Geistesschulung durch Meditation nicht gehen, wenn wir (nach außen) destruktiv sind, weil wir uns damit letztlich selbst in Gefahr begeben. Wir werden uns selbst begegnen. Bist Du jemand, dem Du gerne näher begegnen würdest?

Wenn Du die Frage ehrlich mit „Nein“ beantwortet hast, dann werde jemand, dem Du gerne begegnen möchtest. Werde jemand, der so liebenswert ist, dass Du ihn lieben wirst. Das geht. Wenn Du glaubst, es ginge nicht, dann irrst Du Dich.

Auf dem Weg zu innerer Klarheit erwarten uns oft auch unangenehme Erkenntnisse. Es geht nicht NUR darum, sich gut zu fühlen, sondern in erster

Linie um eine Klärung, die eine Voraussetzung dafür ist. Dein Schreibtisch wird nicht aufgeräumt und sauber sein, wenn Du nichts wegräumen willst und mit Schmutz oder Staub nichts zu tun haben willst. Die Klärung ist immer auch eine Versöhnung wie das Ablegen der Puppenhaut durch die Raupe, bevor sie zum Schmetterling wird. Es geht letztlich um eine Befreiung von allem, was uns bei unserem Weg zum Aufstieg zurückhält.

ACTION STEP 14

- Denke darüber nach, ob Du etwas tust, was destruktiv ist, was anderen direkt oder indirekt Leid zufügt.

- Beginne mit dem Punkt, an dem es am direktesten ersichtlich ist. (Wenn Du davon lebst, Leuten ihre Ersparnisse abzugaunern, halte Dich bitte nicht damit auf, zu beklagen, dass Dein Laptop aus Plastik ist, das wiederum aus Erdöl hergestellt wird. Der direkte Punkt ist in dem Fall das Abgaunern von Ersparnissen.) Überprüfe Dein Verhältnis zu Schwächeren, Abhängigen oder Untergebenen. Versuch Dich in ihre Lage zu versetzen. Wie müssen sie sich fühlen? Wie würden sie sich wünschen, dass Du Dich verhältst? Strenge ist gut, aber man kann auch zu streng sein. Wir dürfen auch niemanden überfordern. Jeder freut sich über freundliche Zuwendung und Anerkennung.

Es ist schwer für mich, jetzt hier ein Beispiel für Dich und Dein Leben zu finden. Ich muss es Dir überlassen. Wenn Du jetzt nichts findest, dann nimm Dir vor, darüber nachzudenken, wenn Du Zeit hast.

- Wenn Du etwas gefunden hast, dann überlege, ob Du es nicht ändern kannst. Wenn das bedeutet, dass Du größere Veränderungen in Deinem Leben vornehmen solltest, dann halte Dich nicht mit Einzelheiten auf, sondern blicke geistig in eine Richtung, wo das anders ist. Du wirst dahin gehen, wohin Du blickst. Visualisiere Dich in diesem anderen Leben, wo Du das (dieses ungewünschte Verhalten) nicht mehr machst. Gestalte die

Vision so realistisch wie möglich.

- Wenn Du konkret etwas tun kannst, dann tue es jetzt. Ändere Dein Leben zum Besseren.

- Wenn Du nicht weißt, wie Du diese Veränderung erreichen kannst, dann beginne mit dieser Visualisierung: Du in einem Leben, in dem Du dieses ungewollte Verhalten abgelegt hast. In dem Du dieses destruktive Verhalten durch positives, konstruktives Verhalten ersetzt hast. Visualisiere immer wieder. Du wirst nach und nach Wege und Möglichkeiten entdecken.

DAS WAR´S.

NACHWORT

MEIN WUNSCH FÜR DICH

Wenn ich überlege, was die Arbeit an diesem Buch mit mir gemacht hat, dann kann ich sagen, dass mir durch die Beschäftigung mit dem Thema erst so richtig bewusst geworden ist, wie ich mich im Laufe der letzten fünf Jahre verändert habe und welche Veränderungen mit regelmäßiger Meditation zu tun haben. Die Beschreibung all dieser Einzelheiten hat in mir selbst ein Bewusstsein für sie geschaffen und ein besseres Verständnis bewirkt. Ich fühle mich irgendwie erwachsen, wie ein ernstzunehmender Mensch, erlaube mir auch viel mehr als vorher. So, wie man einem Kind so manches einfach verbietet, weil man Angst hat, es könne gewisse Schwierigkeiten eventuell nicht bewältigen, so hatte ich mir selbst Dinge verboten. Jetzt erlaube ich es mir auch, Schwieriges anzugehen, weil ich es mir selbst zutraue. Dabei waren diese Verbote vorher völlig unbewusst. Ich wusste nicht, dass ich mich selbst wie ein Kind behandelte, dass es vieles gab, was ich mir einfach nicht zutraute. Erst wenn ich bewusst nachdenke, wie ich mich verändert habe, fällt mir es im Nachhinein auf.

Ich merke es zum Beispiel am Unterschied, wie ich jetzt mit anderen Menschen umgehe. Ich hatte mich mit schwierigen Themen vorher lieber zurückgehalten, um Konflikten von vorneherein aus dem Weg zu gehen. Jetzt traue ich mir zu, schwierige Themen auf eine Weise auf den Tisch zu bringen, die jedem einen Ausweg offen lässt, traue mir zu, die Wirkung beim anderen vorsichtig und aufmerksam zu beobachten, traue mir zu, auch mit einem anderen Thema liebevoll auf diesen Menschen zuzugehen, um die Beziehungsebene unbeschädigt zu erhalten. Dafür braucht es eine gewisse Aufmerksamkeit und innere Reaktionsbereitschaft. Ich glaube, das Stichwort *emotionale Intelligenz* hat sich für mich tatsächlich mit Inhalt gefüllt. Dabei bin ich, wie bereits gesagt, in keiner Weise *erleuchtet* oder ein *Guru*. Muss ich auch nicht.

Wenn ich schreibe, „Ich habe mein Leben viel mehr in meine eigenen Hände genommen", dann liest Du das auf eine Art und Weise, wie Du es schon zehn Mal vorher in verschiedenen Zusammenhängen gelesen hast und in denen Dir ganz klar ist, was das für Dich bedeutet. Für mich hat es sich tatsächlich mit

Inhalten gefüllt. Ich bin gesünder geworden und fühle mich viel besser, positiver, in besserer Stimmung, ausgeglichener. Mein Leben hat sich tatsächlich stark verändert und das verdanke ich diesem Menschen, der irgendwie einen Zugang zu einer höheren Sicht auf sich selbst und sein Leben mit allem, was dazugehört, und allen, die dazugehören, bekommen hat. Das bin ich selbst. Insofern bin ich durch diese Reflexion und Bewusstwerdung der erste Mensch, der von diesem Buch profitiert hat. Es ist mir jetzt auch klar, dass gute Taten immer auch auf den zurückkommen, der sie tut. Ich wünschte mir so sehr, dass mehr Menschen diese segensreichen Auswirkungen regelmäßiger Meditation erfahren und deswegen begann ich, dieses Buch zu schreiben. Für mich ist es jetzt ganz logisch und klar, dass ich der Erste bin, der davon profitiert hat. Liebe und Gutes tun werden nicht weniger. Du kannst Gutes und Liebe nicht weggeben wie materielle Dinge, die anschließend nicht mehr da sind, nachdem Du sie weggegeben hast. Du kannst sie teilen, ohne sie selbst zu verlieren. Liebe und alles Wissen, was geteilt wird, verlierst Du nicht, sondern Du verdoppelst und vervielfachst es.

Ich glaube auf diese Weise beginne ich, zu verstehen, dass es größere Zusammenhänge gibt, in dem Dinge einander bedingen. Ich bin zwar weit entfernt von Weisen und spirituellen Meistern, wie etwa Eckehard Tolle, Osho, Maharishi, dem Dalai Lama oder vielen anderen, für die tägliche Meditation schon sehr lange Teil ihres Leben ist (oder war). Beim Lesen ihrer Texte vermute ich, dass ich ebenfalls theoretisch viel davon verstehe, was für sie konkrete Inhalte hat. Aber manches davon verstehe ich schon aus eigener Erfahrung heraus. Ich glaube, ich bin auf einem guten Weg und ich weiß jetzt, wem ich das verdanke: Mir selbst beziehungsweise dem, der ich geworden bin, nachdem ich meinen Entschluss, täglich zu meditieren, gefasst hatte und ihm treu geblieben bin. Und dieser Weg steht jedem offen. Du brauchst keinen anderen dafür, keine teuren Hilfsmittel, keine behördlichen Genehmigungen, keinen finanziellen Aufwand. Es gibt tatsächlich keine Ausreden mehr: Du allein bist alles, was Du brauchst.

Du kannst es genauso gut schaffen wie ich. Mit nur 20 bis 30 Minuten täglich, die die gesamten 24 Stunden am Tag mit einer neuen Qualität erfüllen werden.

Deswegen wünsche ich mir auch, dass dieses Buch viele Leser findet und viele davon zum Nachdenken verleiten wird, was sie dann auch tatsächlich zu aktiver regelmäßiger Meditationspraxis motivieren wird. Wenn Du davon überzeugt bist oder sogar schon die ersten positiven Auswirkungen an Dir selbst bemerkst, dann empfiehl es bitte weiter.

Ich danke Dir, dass Du bis hierher durchgehalten hast und dass Du schon mit Deinen ersten Übungen begonnen hast.

Ich wünsche Dir viel Erfolg auf diesem Weg, Commitment, Geduld, Aufmerksamkeit, Gesundheit und einen neuen selbstbewussten, gelassenen und glücklichen Zugriff auf Deinen Alltag. Halte durch, dann wirst Du alles, was ich hier beschrieben habe, selbst erleben und noch vieles mehr.

DER VIDEOKURS

Am Anfang des Buches habe ich Dir versprochen, dass es zu dem Buch noch einen gratis Videokurs gibt. Dieses Versprechen möchte ich natürlich halten.

Der Kurs wird über das online Lernportal *Teachable* bereitgestellt. Um den Kurs freizuschalten, folge bitte einfach diesem Link:

http://liferocktv.teachable.com/courses/meditation-anfaenger-kurs

Achtung: Ein kurzer Hinweis zur Achtsamkeit: Liferock.tv wird mit einem *F* in der Mitte geschrieben und nicht mit einem *V*. Viele Menschen lesen diesen Link und schreiben ihn dennoch falsch (obwohl er überall korrekt angegeben wurde). Dies geschieht, weil nicht mit der nötigen Achtsamkeit gelesen wurde und die alten Filter (vom Wort LIVE zum Beispiel bei der LIVE-Übertragung im Fernsehen) aktiv waren.

Auf der Seite findest Du ein Willkommensvideo und unten auf der Seite findest Du den Button Kaufen bzw. Anmelden. Das ist natürlich 100% gratis.

Anschließend musst Du Dich noch beim Portal „Teachable" anmelden. Keine Angst, das ist mit keinen Kosten verbunden und es gibt auch keine Bindung oder Ähnliches. Das ist einfach nur notwendig, um dem Kurs einen geschlossenen Raum zu geben. Ansonsten könnte jeder darauf zugreifen.

Also nochmals in aller Kürze:

Link aufrufen,
Kurz mit Name und Mail anmelden
LOSLEGEN.

Ich wünsche Dir viel Spaß mit dem Kurs und hoffe, dass er für Dich eine gute Ergänzung zum Buch ist.

Noch etwas ist mir wichtig: Wenn das Buch für Dich in irgendeiner Weise Nutzen gebracht hat oder Du einfach glaubst, dass der Preis für ein Buch und einen Videokurs fair ist, würde ich Dich bitten, mir eine Bewertung auf Amazon zu geben. Ich habe mich mit diesem Buch sehr bemüht, wirklich viel Wert zum kleinen Preis zu bieten. Ich glaube, der Einstieg in die Meditation sollte nicht am Preis für teure Kurse scheitern. Vielleicht schreibst Du ein paar Zeilen. Damit wäre mir sehr geholfen.

Wenn Du noch mehr von mir hören und sehen willst, würde ich mich freuen, wenn Du auf meinem Youtube Kanal „liferock.tv“ vorbeischaust oder meine Facebookseite besuchst. So können wir in Kontakt bleiben.

Ich wünsche Dir das Allerbeste und hoffe, dass Meditation auch Dein Leben bereichern wird.

Alles Liebe
Dein Tom

LITERATURVERZEICHNIS:

1. Lunders, et.al: (2011) The underlying anatomical correlates of long-term meditation: Larger hippocampal and frontal volumes of gray matter; https://www.ncbi.nlm.nih.gov/pmc/articles/PMC3184843/

2. Creswell, et.al. (2014) Brief mindfulness meditation training alters psychological and neuroendocrine responses to social evaluative stress; https://www.ncbi.nlm.nih.gov/pubmed/24767614

3. Aftanas, Goloshykin (2005) Impact of regular meditation practice on EEG activity at rest and during evoked negative emotions; https://www.ncbi.nlm.nih.gov/pubmed/16019582

4. Davidson, Lutz (2008) Buddha's Brain: Neuroplasticity and Meditation; https://www.ncbi.nlm.nih.gov/pmc/articles/PMC2944261/

5. Hölzel, et al. (2011) How Does Mindfulness Meditation Work? Proposing Mechanisms of Action From a Conceptual and Neural Perspective.; https://www.ncbi.nlm.nih.gov/pubmed/26168376

6. Quach, et al. (2015) A randomized controlled trial examining the effect of mindfullness meditation on working memory capacity in adolecents; http://www.jahonline.org/article/S1054-139X%2815%2900380-8/pdf

Haftungsausschluss
Der Inhalt dieses Buches wurde mit großer Sorgfalt geprüft und erstellt. Für die Vollständigkeit, Richtigkeit und Aktualität der Inhalte kann jedoch keine Garantie oder Gewähr übernommen werden. Der Inhalt dieses Buches repräsentiert die persönliche Erfahrung und Meinung des Autors und dient nur dem Unterhaltungszweck. Der Inhalt sollte nicht mit medizinischer Hilfe verwechselt werden. Es wird keine juristische Verantwortung oder Haftung für Schäden übernommen, die durch kontraproduktive Ausübung oder durch Fehler des Lesers entstehen. Es kann auch keine Garantie für Erfolg übernommen werden. Der Autor übernimmt daher keine Verantwortung für das Nicht-Erreichen der im Buch beschriebenen Ziele. Dieses Buch enthält Links zu anderen Webseiten. Auf den Inhalt dieser Webseiten haben wir keinen Einfluss. Deshalb kann auf diesen Inhalt auch keine Gewähr übernommen werden. Die verlinkten Seiten wurden zum Zeitpunkt der Verlinkung auf mögliche Rechtsverstöße überprüft. Für die Inhalte der verlinkten Seiten ist aber der jeweilige Anbieter oder Betreiber der Seiten verantwortlich. Rechtswidrige Inhalte konnten zum Zeitpunkt der Verlinkung nicht festgestellt werden.

Impressum

Thomas Gamsjäger MSc
Michael Pacherstraße 19
5351 Aigen-Voglhub
Österreich

48475396R00067

Printed in Poland
by Amazon Fulfillment
Poland Sp. z o.o., Wrocław